5.-

URSULA SCHAUMLECHNER

REZEPTE

ZUM BUCH
GÄSTE, GAUMENFREUDEN & GLADIOLEN

Alle Gerichte sind,
wenn nichts anderes vermerkt ist,
für 4 Personen berechnet.

Frühling

OSTERBRUNCH

REZEPTE VON HELMUT ZUBER

KINDERGEBURTSTAG

REZEPTE VON FRANZISCA LANDOLT

FRÜHLINGSERWACHEN

REZEPTE VON RENE WEDER

PESTO

Sommer

SOMMERNACHTSFEST

REZEPTE VON HELMUT ZUBER

PICKNICK

REZEPTE VON FRANZISCA LANDOLT

FISCHABEND

REZEPTE VON RENE WEDER

GLACE

Herbst

ERNTEDANKFEST

REZEPTE VON RENE WEDER

TEE & SPIELE

REZEPTE VON FRANZISCA LANDOLT

SOUPER

REZEPTE VON HELMUT ZUBER

KONFITÜREN

Winter

WEIHNACHTSFEST

REZEPTE VON RENE WEDER

SILVESTER

REZEPTE VON HELMUT ZUBER

KOCHEN MIT FREUNDEN

REZEPTE VON FRANZISCA LANDOLT

SUPPEN

Frühling

[REZEPT N° 01.01]

Maibowle

(ergibt zwei Liter)

ZUTATEN

1 l	Weisswein (z.B. Chasselas oder Pinot grigio)
20 g	Puderzucker
6	Erdbeerblüten
6	Erdbeerblätter
6	Minzeblätter
0,5 dl	Zitronensaft
1	Zitrone, unbehandelt, Schale in Zesten (feinen Streifen)
½ Bund	Waldmeister
7 dl	Champagner, Sekt oder Prosecco

ZUBEREITUNG

Den Weisswein in einen Glaskrug oder ein Bowlengefäss geben. Den Waldmeister zusammenbinden und kurz tiefkühlen. Unterdessen Puderzucker, Blüten und Blätter zum Wein geben. Den Waldmeister kopfüber (Blätter nach unten) etwa 20 Minuten lang in der Bowle hängen lassen und dann herausnehmen, da sein Geschmack und die Schärfe nicht zu stark dominieren sollten. Die Bowle mit dem Champagner, Sekt oder Prosecco aufgiessen. Die Blätter und Blüten zum Servieren herausnehmen und mit frischen Blättern von Waldmeister garnieren.

Pikanter Osterzopf

ZUTATEN

40 g	Hefe
3 EL	Buttermilch, lauwarm
6 g	Salz
10 g	Zucker
200 g	Frühstücksspeck, ohne Schwarte und Knorpel
1 Bund	Frühlingszwiebeln, mit dem Grün, fein geschnitten
500 g	Mehl
2 TL	Backpulver
250 g	Quark
2 EL	Olivenöl
1 EL	Kräuter (Thymian, Kerbel, Salbei)
1	Eigelb
3 EL	Milch

ZUBEREITUNG

Den Backofen auf 180 °C Ober- und Unterhitze vorheizen. Die Hefe in lauwarmer Buttermilch mit dem Salz und dem Zucker auflösen. Den Speck ganz fein schneiden, in einer Bratpfanne kurz braten und die geschnittenen Frühlingszwiebeln dazugeben. Das Mehl und das Backpulver mischen. Speck, Quark, Olivenöl, Buttermilch-Hefe-Mischung und Kräuter mischen. Dann das Mehl mit dem Backpulver dazugeben und gut durchkneten. Den Teig an einem warmen Ort um das Doppelte aufgehen lassen. Danach den Teig erneut etwas kneten, zwei Schlangen formen und zu einem Zopf flechten. Nochmals 10 Minuten aufgehen lassen. Das Eigelb aufschlagen, mit der Milch mischen und den Zopf bepinseln. Auf der unteren Rille 30 Minuten backen.

Croissants mit drei Füllungen

ZUTATEN

10	Minicroissants 'Laugen'
10	Minicroissants 'Käse'
10	Minicroissants 'Nature'

FÜR DIE FÜLLUNG LAUGENCROISSANTS

40 g	Butter
20 g	Senf
150 g	Roastbeef, dünn geschnitten
10	Scheiben Tomaten, evtl. Cherry-Tomaten
10	Scheiben gekochte Eier

FÜR DIE FÜLLUNG KÄSECROISSANTS

100 g	Philadelphia Cream Cheese
150 g	Gemüse, in sehr kleinen Würfeln (Karotten, Zucchetti, Sellerie, Lauch)
150 g	eingelegte Zucchetti (gekauft beim Italiener)
120 g	eingelegte getrocknete Tomaten
	Salz
	Pfeffer, aus der Mühle

FÜR DIE FÜLLUNG NATURECROISSANTS

1 Beutel	Alfalfa-Sprossen
200 g	Pouletbrust
	Geflügelbouillon
	evtl. etwas Butter
50 g	Mayonnaise
2	Eier, gekocht und gehackt
	Salz
	Pfeffer, aus der Mühle

ZUBEREITUNG

Backofen auf 200 °C Ober- und Unterhitze aufheizen. Alle Croissants 3 Minuten aufbacken und längs halbieren.

FÜLLUNG LAUGENCROISSANTS

Die Butter und den Senf gut vermischen. In die Croissants einstreichen, mit den restlichen Zutaten belegen und die andere Hälfte wieder aufsetzen.

FÜLLUNG KÄSECROISSANTS

Gemüsewürfel kurz im Salzwasser blanchieren. Abschrecken und abschütten. Mit dem Philadelphia gut vermischen und mit Salz und Pfeffer pikant abschmecken. Reichlich in die Croissants einstreichen. Zucchetti und Tomaten in Streifen schneiden, auf die Füllung legen und die andere Hälfte wieder aufsetzen.

FÜLLUNG NATURECROISSANTS

Backofen auf 160 °C Ober- und Unterhitze aufheizen. Die Pouletbrust auf ein Backblech legen und 2 mm Geflügelbouillon auf den Blechboden geben. Das Ganze mit Butter oder Backpapier bedecken, etwa 20 Minuten Garen, herausnehmen und abkühlen lassen. Croissants mit den Sprossen belegen. Die Pouletbrust fein schneiden, mit der Mayonnaise und dem gehackten Ei mischen und mit Salz und Pfeffer gut abschmecken. Die Masse in einen Dressiersack ohne Tülle geben, auf die eine Hälfte der Croissants spritzen und die andere Hälfte wieder aufsetzen.

[REZEPT N° 01.04]

Löwenzahnsalat mit Gänseblümchen und Speck

(ergibt fünf Portionen)

ZUTATEN

500 g	Löwenzahn (meist franz. Herkunft, erhältlich beim Gemüsehändler)
50 g	Frühstücksspeck, in feinen Streifen
30 g	Pinien- oder Sonnenblumenkerne
30	Gänseblümchen (erhältlich beim Gemüsehändler oder auf der Wiese pflücken)
100 g	frische Champignons (nach Belieben)
1,5 dl	Olivenöl, extra vergine
0,5 cl	feiner Kräuteressig
	Salz
	Pfeffer, aus der Mühle

ZUBEREITUNG

Den Löwenzahn putzen und in etwa 10 cm lange Stücke schneiden. Den Speck in einer beschichteten Bratpfanne anbraten, herausnehmen und die Kerne im entstandenen Fett rösten. Die Champignons in feine Scheiben schneiden und nach Belieben kurz anziehen oder roh belassen. Das Olivenöl und den Kräuteressig mischen und mit Salz und Pfeffer abschmecken. Den Löwenzahn mit der Sauce anmachen, mit dem Speck, den Kernen und den Gänseblümchen bestreuen und mit den Champignons garnieren.

[REZEPT N° 01.05]

Spinatsalat mit Croûtons und Rohschinkenstreifen

(ergibt fünf Portionen)

ZUTATEN

600 g	junger, kleiner Frühlingsspinat
100 g	Rohschinken oder Bündner Fleisch
3	Scheiben Toastbrot
	Butter
1 Bund	Schnittlauch
4 EL	Haselnussöl
1 dl	Olivenöl, extra vergine
4 EL	Sherryessig
	Salz
	Pfeffer, aus der Mühle

ZUBEREITUNG

Den Spinat kurz vor Gebrauch zweimal sehr gut waschen. Rohschinken oder Bündner Fleisch in feine Streifen schneiden. Die Rinde vom Toastbrot enfernen, die Scheiben in kleine Würfel schneiden und in einer Bratpfanne mit etwas Butter rösten. Den Schnittlauch in etwa 2 cm lange Stücke schneiden. Die Öle und den Essig vermischen und mit Salz und Pfeffer abschmecken. Den Spinat mit der Sauce anmachen. Auf einen Teller anrichten, mit den Bündner-Fleisch- oder Rohschinken-Streifen und den Crôutons garnieren und mit gehacktem Schnittlauch bestreuen.

[REZEPT N° 01.06]

Gefüllte Ostereier

(ergibt 24 halbe Eier)

ZUTATEN

12	Eier
je 1 Beutel	biologische Eierfarben (aus Randen, Zedern und Zwiebelschalen usw.)
150 g	Cream Cheese
150 g	Mayonnaise
	Salz
	Pfeffer, aus der Mühle
50 g	Gemüse, in sehr kleinen Würfeln (Karotten, Sellerie, Zucchetti, Lauch)
20 g	Schnittlauch, fein geschnitten
80 g	Rauchlachs, ohne Haut, gehackt
80 g	Crevetten, Cocktailgrösse, gehackt

FÜR DIE GARNITUR

50 g	getrocknete, eingelegte Tomaten oder frische Cherry-Tomaten
60 g	Rauchlachs, in Streifen geschnitten
80 g	Crevetten, Cocktailgrösse, halbiert
20 g	glatte Petersilie

ZUBEREITUNG

Die Eier nach Belieben während etwa 8–9 Minuten fest kochen und gleichzeitig färben. Die Eier unter kaltem Wasser abschrecken und auskühlen lassen und mit einem sehr scharfen Messer halbieren. Den Inhalt, ohne die Schale zu verletzen, herausholen und hacken. Die Eimasse in eine Schüssel geben und mit dem Cream Cheese und der Mayonnaise vermischen. Mit Salz und Pfeffer würzen und dann in drei Schüsseln aufteilen.

Einen Teil mit den Gemüsewürfeln und dem Schnittlauch mischen. Den zweiten Teil mit dem Rauchlachs mischen und dem dritten Teil die Crevetten beigeben. Nun die verschiedenen Massen mit dem Dressiersack zurück in die halben Eierschalen einfüllen.

Lachseier mit einem Lachsröschen, Crevetteneier mit einer halben Crevette und etwas glatter Petersilie und Gemüseeier mit getrockneten Tomaten oder frischen Cherry-Tomaten garnieren.

ANRICHTEN

Auf frischem Moos zu einem Nest anrichten.

[REZEPT N° 01.07]

Pochiertes Osterlamm mit Kräutern und Zitrone, junge Karotten mit Ingwer

(ergibt zehn Portionen)

ZUTATEN

POCHIERTES LAMM

1,5 l	Gemüsefond
200 g	Suppengrün (Lauch, Stangensellerie und Petersilienstängel)
1 Bund	Thymian
5 dl	Weisswein
2	Limonen, in Scheiben geschnitten
2	Lorbeerblätter
1,2 kg	Gigot vom Milchlamm, ausgebeint und gebunden vom Metzger (unbedingt Milchlamm verwenden, nicht zu starker Lammgeschmack!)
	ausgelöste Knochen
3	Knoblauchzehen, geschält
50 g	glatte Petersilie
1 Bund	Basilikum
1 dl	Olivenöl
3x10	Cherry-Tomaten am Zweig
	Olivenöl
	Meersalz

FÜR DIE KAROTTEN MIT INGWER

4 Bund	Baby- oder junge Karotten mit Kraut (normalerweise 10 Stück am Bund)
100 g	Butter
80 g	frischer Ingwer
120 g	Honig
4 dl	Gemüsebouillon
	Salz
	Pfeffer, aus der Mühle

ZUBEREITUNG

POCHIERTES LAMM

Den Gemüsefond mit dem Suppengrün, dem Thymian, dem Weisswein, den Lorbeerblättern und den Limonen in einen genügend grossen Topf geben. Den Gigot und die ausgelösten Knochen in den Fond geben und 2 Stunden auf niedriger Stufe simmern lassen. Die Keule herausnehmen und warm stellen. Den Knoblauch und die Kräuter fein hacken. Für die Sauce etwa 0,5 dl des Fonds zusammen mit dem Olivenöl, dem gehackten Knoblauch und den Kräutern in den Mixer geben und kurz aufmixen.

CHERRY-TOMATEN

Backofen auf 220 °C Ober- und Unterhitze vorheizen. Die Cherry-Tomaten am Zweig auf ein mit Backpapier belegtes Blech legen, mit Olivenöl bepinseln und mit Meersalz bestreuen. Etwa 3 Minuten auf der mittleren Rille braten.

KAROTTEN MIT INGWER

Die Karotten waschen und das Grün bis auf 3 cm wegschneiden (kann als Garnitur verwendet werden). Karotten im Salzwasser kurz blanchieren, danach lässt sich die feine Haut gut mit einer Handbürste entfernen. Die Butter in einem Topf schmelzen und die Karotten dazugeben. Den Ingwer schälen, in feine Streifen schneiden und ebenfalls zu den Karotten geben und glasig werden lassen. Gemüsebouillon dazugeben und garen, bis fast die ganze Flüssigkeit reduziert ist. Den Honig dazugeben und kurz fertig garen. Die Karotten sollten schön glänzen und herrlich nach Ingwer duften!

ANRICHTEN

Den Gigot in feine Tranchen schneiden, auf einen Teller geben und etwas Sauce darübergeben. Die Cherry-Tomaten und die Ingwerkarotten dazulegen.

[REZEPT N° 01.08]

Spargelravioli mit Bärlauch

(ergibt zehn Portionen)

ZUTATEN

FÜR DEN TEIG

500 g	Mehl
8	Eigelb
2	Eier
6–7 EL	Olivenöl
6 g	Salz

FÜR DIE FÜLLUNG

500 g	Spargeln, grüne
150 g	Ricotta
6	Eigelb
30 g	frisches Weissbrot oder Toastbrot ohne Rinde, zwischen den Fingern zerrieben
10 g	Bärlauch, gekauft oder selbst im Wald gepflückt (Achtung, Verwechslungsgefahr mit Maiglöckchen, die giftig sind!)
	Salz
	Pfeffer, aus der Mühle
	Eiweiss zum Zusammenkleben der Teigblätter

FÜR DIE GARNITUR

80 g	Butter
6 dl	Vollrahm
3–4 g	Gemüsebouillon
20 g	Bärlauch, in feine Streifen geschnitten
	Salz
	Pfeffer, aus der Mühle

ZUBEREITUNG

TEIG

Alle Zutaten miteinander vermischen und einen geschmeidigen Teig herstellen. In Klarsichtfolie wickeln und mindestens 1 Stunde kühl stellen.

FÜLLUNG

Spargeln zur Hälfte, von der Mitte nach hinten, anschälen und am Ende 3 cm abschneiden. Die Spargeln 4 Minuten im Salzwasser kochen und im Eiswasser abschrecken. Die Spargeln in der Mitte halbieren. Die Spitzen aufbewahren. Die hintere Hälfte in grobe Stücke schneiden und im Spargelfond weich garen. Danach auskühlen lassen und im Cutter pürieren. Püree in einem feinen Tuch (Stoffwindel) ausdrücken, um alle noch vorhandene Flüssigkeit zu entfernen (Spargeln enthalten 86% Wasser). Den Ricotta zum Püree geben und mit den Eigelben und dem zerriebenen Weissbrot vermischen. Mit Salz und Pfeffer würzen und den fein gehackten Bärlauch dazugeben. Füllung mischen und anschliessend kühl stellen.

RAVIOLI FORMEN

Den Teig in zwei Stücke teilen. Den ersten Teil so dünn wie möglich mit der Nudelmaschine ausrollen. Die Füllung in kaffeelöffelgrossen Häufchen und in regelmässigen Abständen auf den ausgerollten Teig setzen. Den Teig rund um die Häufchen mit Eiweiss bestreichen und mit der zweiten dünn ausgerollten Teigbahn bedecken. Die Teighälften vorsichtig und gut festdrücken, damit keine Luftblasen entstehen und beim Kochen keine Füllung austritt. Mit einem runden Ausstechförmchen ausschneiden oder mit dem Teigrad in quadratische Ravioli schneiden. Je nach Menge des Teigs mehrmals nach diesem Muster verfahren. Die Ravioli auf einem mit Backpapier belegten Blech tiefkühlen, damit sie nicht ankleben. Kurz vor dem Servieren Salzwasser aufkochen und die Ravioli einzeln darin 4 Minuten ziehen lassen (nicht kochen!), herausnehmen und abtropfen lassen.

GARNITUR

Die Spargelspitzen in der Hälfte der Butter anschwitzen. Rahm und Bouillon separat 4 Minuten kochen und mit Hilfe eines Schneebesens die restliche Butter darin aufschwingen und mit Salz und Pfeffer etwas würzen.

ANRICHTEN

Die Ravioli auf die Teller anrichten, die sautierten Spargelspitzen dazulegen und Rahmsauce und Bärlauch darübergeben. Nach Belieben mit einem ganzen Blatt Bärlauch garnieren.

[REZEPT N° 01.09]

Spargelgratin mit Mascarpone

(ergibt sechs Portionen)

ZUTATEN

2 kg	weisser Cavaillon-Spargel
	Zucker

FÜR DEN GUSS

400 g	Mascarpone
4	Eier
1 dl	Rahm
4 EL	Gemüsebouillon, stark konzentriert zum Würzen
	Salz
	Pfeffer, aus der Mühle

ZUBEREITUNG

Backofen auf 160 °C Ober- und Unterhitze vorheizen. Spargeln von vorne nach hinten mit dem Sparschäler schälen. Am besten geht dies, wenn man den Spargel auf eine umgedrehte Schüssel oder einen Topf legt und ihn an der Spitze festhält. Darauf achten, dass keine glänzenden Hautpartien mehr am Spargel sind. Hinteres Ende auf 4 cm abschneiden. Spargeln mit wenig Zucker im Salzwasser al dente kochen. Abtropfen lassen und von vorne nach hinten überlagernd in eine gebutterte Gratinform (etwa 30 x 40 cm) schichten.

GUSS

Mascarpone, Eier, Rahm und Gemüsebouillon vermischen und mit Salz und Pfeffer abschmecken. Den Guss über die Spargeln geben, bis diese fast vollständig bedeckt sind. Auf der mittleren Rille des Backofens etwa 15–20 Minuten gratinieren. Herausnehmen und heiss servieren.

[REZEPT N° 01.10]

Süsses Osterlamm

(ergibt eine Lammform)

ZUTATEN

60 g	Butter
60 g	Zucker
1 Beutel	Vanillezucker
1 Prise	Salz
2	Eier
60 g	Mandelmasse (beim Konditor erhältlich)
60 g	Mehl
60 g	Maizena
1 TL	Backpulver

ZUBEREITUNG

Backofen auf 160 °C Umlufthitze vorheizen. Alle Zutaten in der Küchenmaschine während 5–8 Minuten zu einem geschmeidigen Teig verarbeiten. Eine Osterlamm-Form, erhältlich im guten Haushaltwarengeschäft, reichlich ausbuttern. Den Teig einfüllen, auf der mittleren Rille 40 Minuten backen. Auskühlen lassen und aus der Form nehmen, mit einem Schleifchen versehen und mit Puderzucker bestäuben.

CHATEAU DOISY-VÉDRINES
1997
SAUTERNES
FSF

Quarkwaffeln mit Erdbeeren

(ergibt 15 Stück)

ZUTATEN

200 g	Butter
250 g	Zucker
4	Eier
500 g	Mehl
1 TL	Backpulver
1 Prise	Zimt
150 g	Magerquark oder Joghurt nature

FÜR DEN ERDBEERCOULIS

300 g	der weniger schönen Erdbeeren aus dem unten genannten kg aussortieren
50 g	Puderzucker

FÜR DIE FÜLLUNG

1 kg	Erdbeeren

FÜR DIE GARNITUR

20 g	Puderzucker
1 Bund	Minze
3 dl	Vollrahm
0,5 Flasche	Vanilleextrakt

ZUBEREITUNG

Butter schmelzen. Die Eier und den Zucker mit der Küchenmaschine aufschlagen und die flüssige Butter unter ständigem Rühren einlaufen lassen. Mehl, Backpulver und Zimt dazugeben und vermischen. Den Magerquark oder den Joghurt nature beigeben und den Teig mischen, bis er schwer vom Löffel fällt. Nun portionenweise in die Waffelmaschine geben, Deckel schliessen und etwa 3 Minuten backen. Herausnehmen und den Nähten entlang vierteln.

ERDBEERCOULIS

Die Erdbeeren rüsten und in grobe Stücke schneiden. Mit dem Puderzucker mischen und kurz cuttern.

FÜLLUNG

Erdbeeren rüsten, die kleinen halbieren und die grösseren vierteln. Mit etwas Coulis vermischen. Den Rahm steif schlagen und mit dem Vanilleextrakt parfümieren.

ANRICHTEN
Die Füllung auf den geviertelten Waffelstücken anrichten, einen Löffel Schlagrahm daraufgeben und mit einem zweiten Stück zudecken. Rundherum mit etwas Erdbeeren und frischer Minze garnieren und reichlich Puderzucker darüberstreuen.

TIPP
Dazu passt auch ein Sauerrahm- oder Vanilleeis sehr gut.

Wenn Sie öfters Waffeln herstellen, lohnt sich das Anschaffen eines Waffeleisens auf alle Fälle. Die Waffeln können mit verschiedensten Füllungen angereichert werden oder z.B. mit Schokoladensauce usw. serviert werden.

[REZEPT N° 01.12]

Osterküchlein

(ergibt zehn Stück)

ZUTATEN

400 g	Blätterteig (selbst gemachter oder fertig gekaufter Bio-Blätterteig)
4 dl	Milch
1 Prise	Salz
100 g	Rundkornreis (z.B. Vialone, Arborio usw.)
75 g	Butter
75 g	Zucker
3	Eigelb
3	Eiweiss
1	Zitrone, unbehandelt, Schale abgerieben
75 g	Mandeln, gerieben
2 dl	Rahm
200 g	Aprikosenkonfitüre
100 g	Puderzucker

ZUBEREITUNG

Backofen auf 180 °C Ober- und Unterhitze aufheizen. Einweg-Backförmchen aus Aluminium (etwa 8–9 cm Durchmesser) ausbuttern und mit Blätterteig auslegen. Milch, Salz und Reis in einer genügend grossen Pfanne während etwa 25 Minuten unter ständigem Rühren kochen. Butter und Zucker mischen, die Eigelbe dazugeben und erneut kurz rühren. Zitronenabrieb, Mandeln und Rahm mit der Butter-Eigelb-Mischung unter den Reis mischen. Eiweiss halbsteif schlagen und ebenfalls unterziehen. In die Förmchen die Aprikosenkonfitüre verteilen und die Masse daraufgeben. Auf der mittleren Rille etwa 12–15 Minuten backen. Auskühlen lassen, aus der Form nehmen, mit Puderzucker bestreuen und mit kleinen Zuckereiern verzieren.

[REZEPT N° 01.13]

Waldmeisterflan

(ergibt zehn Portionen)

ZUTATEN

100 g	Waldmeister
8 dl	Vollrahm
200 g	Puderzucker
600 g	Joghurt nature
7 Blatt	Gelatine
6 EL	Limoncello
1 Zweig	Minze, gehackt

ZUBEREITUNG

Den Waldmeister an der Wärme welken lassen. Den Rahm mit dem Puderzucker aufkochen, etwa 10 Minuten auf 6 dl einkochen lassen und vom Herd nehmen. Den Waldmeister mit den Blättern nach unten 30 Minuten in die Rahm-Puderzucker-Mischung hängen. Gelatine in Wasser einweichen, abtropfen und im Limoncello auflösen. Gelatine-Limoncello-Mischung unter den Rahm ziehen und alles mit dem Joghurt vermischen. Die Minze beigeben und nach Belieben etwas grüne Lebensmittelfarbe daruntermischen. In Förmchen füllen und im Kühlschrank auskühlen lassen.

ANRICHTEN

Den Flan auf einen Teller stürzen und nach Belieben mit einem Waldmeisterblatt, Minze, Blüten oder kleinen Früchten garnieren. Nach Belieben etwas Vanille-Doppelrahm um den Flan geben.

Dazu passt auch eine Früchtecoulis nach Wahl.

[REZEPT N° 01.14]

Tarte Tatin mit Mispeln

ZUTATEN

125 g	Zucker
70 g	Butter
1 Paket	Bio-Blätterteig (rund ausgewallt)
1 kg	Mispeln
1 Beutel	Vanillezucker

ZUBEREITUNG

Backofen auf 220 °C Ober- und Unterhitze vorheizen. Den Zucker mit der Butter in einer runden Backform (Wähenform) im Ofen karamellisieren, ab und zu rühren, herausnehmen. Aufpassen, dass der Zucker nicht zu dunkel wird! Mispeln schälen, Steine herauslösen und die Früchte in Scheiben schneiden oder halbieren. Mit der Schnittfläche nach oben einschichten und mit dem Vanillezucker und einigen Butterflocken belegen. Auf der mittleren Rille 20 Minuten backen. Herausnehmen und locker mit dem ausgewallten Teig belegen. Teig am Rand andrücken und erneut 20 Minuten fertig backen. Stürzen und wenn möglich lauwarm mit Vanilleeis oder Doppelrahm servieren.

[REZEPT N° 02.01]

Stockbrote

ZUTATEN

500 g	Dinkelvollkornmehl
3 dl	Wasser, lauwarm
30 g	frische Hefe
1 EL	Sonnenblumenöl
1 TL	Korianderkörner, frisch gemahlen
1–2 TL	Meersalz

ZUM BESTREUEN

	Sesam, Kümmel, Leinsamen, Mohn, Paprika, Curry, Pfeffer
6	lange Holzstecken oder Spiesse

ZUBEREITUNG

Lauwarmes Wasser in eine Schüssel geben und Hefe darin auflösen. Mehl mit dem Salz vermischen und zusammen mit dem Koriander und dem Öl dem Hefegemisch beigeben. Zu einem geschmeidigen Teig kneten und an einem warmen Ort um das Doppelte aufgehen lassen. Dann in sechs Portionen teilen und lange Stangen formen. Diese um die Holzstecken wickeln. Mit wenig Wasser bestreichen und nach Wunsch mit Sesam, Mohn, Kümmel, Paprika, Curry usw. bestreuen.

Die Spiesse unter ständigem Drehen über die Glut halten, bis der Teig eine schöne braune Farbe annimmt. Wenn sich der Teig vom Spiess löst, ist das Brot gar.

TIPP

Damit man die Stecken nicht immer von Hand über die Glut halten muss, kann man links und rechts des Feuers Astgabeln in den Boden stecken, die Stecken mit dem Teig quer über die Glut legen und regelmässig drehen.

[REZEPT N° 02.02]

Erdnussaufstrich pikant

ZUTATEN

80 g	Butter
80 g	gesalzene Erdnüsse
80 g	Frischkäse mit Kräutern
1 EL	Senf
1 EL	Schnittlauchröllchen
2 TL	Harissa
	schwarzer Pfeffer aus der Mühle

ZUBEREITUNG

Butter in einer Schüssel schaumig schlagen. Erdnüsse im Cutter fein mahlen. Butter mit Frischkäse und Erdnüssen vermischen und mit Senf, Harissa, Pfeffer und Schnittlauchröllchen abschmecken.

[REZEPT N° 02.03]

Vegetarische Frikadellen

(ergibt 16 Stück)

ZUTATEN

1	Frühlingszwiebel
100 g	Champignons
1 EL	Butter
100 g	gekochte Borlottibohnen (entweder frisch gekocht oder aus der Büchse)
150 g	Pecorino gerieben
200 g	Dinkelvollkornmehl
1	Eigelb
1 EL	Sojasauce
100 g	Pinienkerne, ohne Fett in der Pfanne geröstet
	Kräutermeersalz
	Pfeffer, aus der Mühle
	Curry
	Butter zum Ausbraten

ZUBEREITUNG

Die Zwiebel mit dem Grün fein würfeln, die Pilze rüsten und grob hacken. Die Bohnen abspülen und in einem Sieb abtropfen lassen. Die Butter in einer Pfanne erhitzen, Zwiebeln und Pilze hineingeben, goldgelb braten und abkühlen lassen. Mit allen anderen Zutaten im Cutter grob 'pürieren'.

Aus der Masse mit feuchten Händen 16 gleich grosse Bällchen formen und diese zu 2 cm dicken Frikadellen flach drücken. Etwas ruhen lassen, bis alle Frikadellen fest sind. In der Bratpfanne die Butter schmelzen und die Frikadellen bei mittlerer Hitze und mehrmaligem Wenden rundum goldbraun braten.

Dazu passt selbst gemachtes Ketchup.

TIPP

Die Frikadellen schmecken kalt oder können über dem Feuer wieder aufgewärmt werden.

Ketchup

ZUTATEN

280 g	Tomatenmark aus der Dose
8 TL	Akazienhonig
1/2 TL	Kräutermeersalz
4 TL	Kräuteressig
	Ingwerpulver
	Muskatpulver
	Zimtpulver
	Pfeffer
	ganz wenig Nelkenpulver
4 EL	kalt gepresstes Sonnenblumenöl
1/2–1 Tasse	Wasser

ZUBEREITUNG

Tomatenmark in einem Topf bei mittlerer Hitze erwärmen. Honig, Salz und Essig beigeben. Gewürze nach Belieben. Das Öl darunterrühren. So viel Wasser beifügen, bis die gewünschte Konsistenz erreicht ist. Unter Rühren aufkochen und abschmecken. In ein Glas füllen.

Im Kühlschrank 10 bis 14 Tage haltbar.

[REZEPT N° 02.05]

Gemüsestängel mit Dip

ZUTATEN

	Karotten
	Kohlrabi
	Peperoni
	Gurken
	Rettich
	Art und Menge der Gemüse nach Belieben
3 EL	selbst gemachtes Ketchup
1 Becher	Crème fraîche
	Kräutersalz
	Pfeffer
	Curry nach Belieben

ZUBEREITUNG

Gemüse waschen und bürsten, nicht schälen! Von Unreinheiten befreien und in Stängel, Gurken in Rädchen, schneiden.

Einladend anrichten.

DIP

Ketchup mit Crème fraîche verrühren und mit den Gewürzen abschmecken.

[REZEPT N° 02.06]

Früchtespiesschen mit Schokoladen-Dip

ZUTATEN

200 g	Trauben
200 g	Erdbeeren
200 g	Aprikosen
	oder andere Früchte nach Wahl
100 g	schwarze Schokolade
250 g	Doppelrahm
	Schaschlik-Spiesse

ZUBEREITUNG

Früchte waschen und entsteinen. Aprikosen in schmale Spalten teilen. Dann im Wechsel auf die Spiesse stecken.

SCHOKOLADEN-DIP

Die Schokolade im Wasserbad schmelzen und mit dem Doppelrahm vermischen. Zu den Früchtespiesschen reichen.

[REZEPT N° 02.07]

Schokoladenkuchen

ZUTATEN

300 g	schwarze Schokolade
3–4 EL	Wasser
300 g	Butter
4	Eier
300 g	Akazienhonig
150 g	Dinkelvollkornmehl
150 g	Mandeln, geschält und gerieben
1 ½ TL	Backpulver, phosphatfrei
	helle oder dunkle Schokoladenfettglasur

ZUBEREITUNG

Backofen auf 180 °C Ober- und Unterhitze vorheizen. Eine Springform ausbuttern. Schokolade in Stücke brechen und in einen Topf geben. Das Wasser dazugiessen und die Schokolade langsam schmelzen. Butter in Stücke schneiden, beigeben und ebenfalls langsam schmelzen. Abkühlen lassen. Eier mit dem Honig separat schaumig schlagen, bis die Masse hell wird. Dann mit der kalten Schokoladen-Butter-Masse mischen. Mandeln, Mehl und Backpulver unterheben. In die Springform geben und auf der mittleren Rille 45–50 Minuten backen.

Die kalte Torte mit heller oder dunkler Schokoladenglasur überziehen.

[REZEPT N° 02.08]

Baumnusskugeln

(ergibt 14 Stück)

ZUTATEN

100 g	Baumnüsse
50 g	Akazienhonig
3 EL	Rosinen
1 TL	Kardamom
1/2 TL	Ingwer
2 TL	Zitronat*

ZUBEREITUNG

Baumnüsse im Cutter fein mahlen, Honig und Rosinen beigeben, nochmals cuttern. Mit den Gewürzen und dem Zitronat abschmecken. Aus der Masse kleine Kugeln formen und diese in Pralinenförmchen setzen.

MISE-EN-PLACE

*Zitronat: zwei bis drei unbehandelte Zitronen waschen, die Schale ohne das Weisse abschälen und in feine Streifen oder Stücke schneiden oder mit einer groben Reibe abreiben. Die Schalenstücke gut mit Akazienhonig bedecken und 2 bis 3 Tage ziehen lassen. Dasselbe kann mit unbehandelten Orangen gemacht werden. Hält sich mindestens 3 Monate im Schraubglas im Kühlschrank.

[REZEPT N° 02.09]

Mangokugeln

(ergibt zwölf Stück)

ZUTATEN

40 g	getrocknete Mango
2 TL	Orangensaft
50 g	Akazienhonig
100 g	Mandeln, geschält und gemahlen
	Kokosraspel

ZUBEREITUNG

Getrocknete Mango ganz klein würfeln und mit dem Orangensaft vermischen. Honig und Mandeln miteinander im Mixerglas vermengen, bis sich ein Klumpen bildet. Mangowürfel und Orangensaft beigeben und vermischen. Aus der Masse kleine Kugeln formen, in Kokosraspel wälzen und in farbige Pralinenförmchen setzen.

[REZEPT N° 02.10]

Marzipankugeln in Krokant

(ergibt 14 Stück)

ZUTATEN

100 g	Mandeln, geschält und sehr fein gerieben
2	Bittermandeln, sehr fein gerieben
½ TL	Rosenwasser
50 g	Akazienhonig
50 g	Haselnusskrokant

FÜR DAS HASELNUSSKROKANT

2 EL	Haselnüsse
2 EL	Akazienhonig

ZUBEREITUNG

Mandeln und Bittermandeln mit Rosenwasser und Honig im Mixerglas so lange mischen, bis ein Klumpen entsteht. Einen halben Tag gut durchziehen lassen. Kugeln aus der Masse formen und in fein gehacktem Krokant wenden, in Pralinenförmchen setzen.

HASELNUSSKROKANT

Haselnüsse in einer Bratpfanne oder im Backofen so lange rösten, bis sie duften. Herausnehmen und zwischen zwei Tüchern abreiben, bis sich die Schalen lösen. In einer beschichteten Bratpfanne Akazienhonig karamellisieren und die Haselnüsse beigeben. Mischen, bis alle Nüsse mit der Honigmasse überzogen sind. Herausnehmen und abkühlen lassen. In einem Plastiksack mit dem Wallholz zu Krokant verkleinern.

[REZEPT N° 02.11]

Orangen-Apfel-Saft

ZUTATEN

1 l	Apfelsaft, rein und ungesüsst
1 l	Orangensaft, frisch gepresst
1	Apfel
1	Orange, unbehandelt

ZUBEREITUNG

ORANGEN-APFEL-SAFT

Apfel- und Orangensaft zu gleichen Teilen in einem Krug mischen. Apfel und Orange aufschneiden und damit nach Belieben den Krug und die Gläser dekorieren.

[REZEPT N° 02.12]

Sanssouci-Teemischung mit Zitrone

ZUTATEN

	Sanssouci-Teemischung aus dem Hause Reichmuth von Reding (Minze-Arten, Karkade, Ringelblume)
	Wasser, frisch abgekocht
1	Zitrone, unbehandelt
	Akazienhonig nach Belieben

ZUBEREITUNG

SANSSOUCI-TEEMISCHUNG MIT ZITRONE

Tee zubereiten. Von der Zitrone 2–3 dünne Scheiben für die Dekoration abschneiden. Zitrone auspressen und so viel Saft wie gewünscht zum Tee geben. Tee nach Belieben mit Akazienhonig süssen. Der Tee schmeckt auch ungesüsst sehr gut. Die Zitronenscheiben auf den Rand des Krugs stecken oder/und halbieren und in den Tee geben.

Der Tee kann heiss, lauwarm oder kalt serviert werden.

[REZEPT N° 03.01]

Spargelflan mit Passionsfrucht-Vinaigrette

ZUTATEN

FÜR DEN SPARGELFLAN

500 g	weisse Spargeln (Variante: 375 g weisse und 125 g grüne Spargeln)
2,5 Blatt	Gelatine, eingeweicht
0,65 dl	Schlagrahm
	Meersalz
	Pfeffer, aus der Mühle
	Zucker
	etwas Zitronensaft

FÜR DIE PASSIONSFRUCHT-VINAIGRETTE

6 EL	Passionsfruchtjus
3 EL	Haselnussöl
3 EL	Olivenöl, extra vergine
	Pfeffer
	Salz
	Zucker

ZUBEREITUNG

Weisse Spargeln schälen. In einem weiten Topf Salzwasser, Zitronensaft und eine Prise Zucker aufkochen. Weisse Spargeln darin al dente kochen. Grüne Spargeln separat in Salzwasser kochen, herausnehmen und im Eiswasser abschrecken. Beide Spargelsorten auf einem Tuch gut abtropfen lassen. 250 g der weissen Spargeln etwa in der Mitte durchschneiden und die Spargelspitzen auf die Seite legen. Die restlichen 250 g weisse Spargeln im Spargelfond weich kochen, in kleine Stücke schneiden und mixen. In eine Schüssel geben und mit der eingeweichten Gelatine mischen. Mit Meersalz und Pfeffer würzen, kühl stellen und immer wieder rühren, bis die Spargelmousse zu stocken beginnt. Rahm langsam darunterheben, bis eine glatte Masse entsteht. Dann in Förmchen von etwa 1 dl füllen und erneut kühl stellen.

PASSIONSFRUCHT-VINAIGRETTE

Passionsfrüchte aufschneiden, Mark und Saft durch ein Haarsieb in den Mixer streichen und mit den restlichen Zutaten zusammen cremig aufmixen.

ANRICHTEN
Spargelflan auf Teller setzen. Spargelspitzen und evtl. grüne Spargeln der Länge nach halbieren und fächerartig an den Flan setzen. Spargeln mit Passionsfrucht-Vinaigrette nappieren. Nach Belieben können auch das Mark und der Saft einer Passionsfrucht als Garnitur verwendet werden.

MISE-EN-PLACE
Der Spargelflan kann zum Voraus vorbereitet und etwa einen Tag im Kühlschrank aufbewahrt werden. Die Passionsfrucht-Vinaigrette kann 4 bis 5 Tage im Kühlschrank aufbewahrt werden.

Vor Gebrauch nochmals kurz aufmixen.

[REZEPT N° 03.02]

Morchelragout mit Lasagneblätter

ZUTATEN

FÜR DEN LASAGNETEIG

350 g	Mehl, gesiebt
1	Ei
6	Eigelb
3 EL	Olivenöl, extra vergine
½ dl	Wasser
10 g	Salz

FÜR DAS MORCHELRAGOUT

200 g	frische Morcheln
1	kleine Schalotte, fein gehackt
2 dl	Gemüsefond
1,5 dl	Rahm
etwas	Mehl-Butter (gleiche Menge Mehl und Butter mit einer Gabel vermischen), zum Abbinden
	Salz
	Pfeffer, aus der Mühle

GARNITUR NACH BELIEBEN

Kräuter

Crema di Balsamico (eingedickter Balsamicoessig)

ZUBEREITUNG

Wasser mit Salz aufkochen und erkalten lassen. Mit den restlichen Zutaten mischen und zu einem geschmeidigen Teig kneten. In Klarsichtfolie wickeln und mindestens eine Stunde kühl stellen.

Danach Teig in 3–4 Stücke teilen und mit der Nudelmaschine so dünn wie möglich auswallen. Stufenweise auf jeder Dicke 2–3 Mal durchlassen. Quadrate von etwa 10 x 10 cm schneiden. Restliche Teigblätter tiefkühlen oder Nudeln daraus schneiden und tiefkühlen (etwa 6 Monate im Tiefkühler haltbar). In einem genügend grossen Topf Salzwasser aufkochen lassen. Die Lasagneblätter darin einzeln etwa eine Minute ziehen lassen, mit einer Schaumkelle aus dem Wasser heben und abtropfen lassen.

TIPP

Wenn Sie öfters Ravioli, Lasagne und Nudeln selbst herstellen, lohnt sich die Anschaffung einer Nudelmaschine. Es gibt kleine Modelle in jedem guten Haushaltwarengeschäft.

MORCHELRAGOUT

Morcheln rüsten, Stiel abschneiden und die Morcheln halbieren. Mehrere Male waschen, damit die Morcheln nicht mehr sandig sind, mit der Salatschleuder trocknen. In einem Topf den Gemüsefond mit den Morchelabschnitten und den Schalotten auf die Hälfte einreduzieren lassen. Durch ein Passiertuch (oder wenn nicht vorhanden, eine Stoffwindel in ein feinmaschiges Sieb legen) passieren und den Fond wieder in den Topf geben. Mit dem Rahm auffüllen, abschmecken und evtl. mit Mehl-Butter etwas abbinden. Kurz vor dem Servieren die gewaschenen Morcheln dazugeben und 1 Mal aufkochen lassen.

ANRICHTEN

Morchelragout in einen tiefen Teller geben. Ein oder zwei Lasagneblätter darüberlegen. Etwas Sauce und eine oder zwei ganze Morcheln, welche kurz in der Sauce erwärmt wurden, darübergeben. Nach Belieben mit Kräutern und Crema di Balsamico garnieren.

MISE-EN-PLACE

Man kann die Lasagneblätter bereits im Voraus zubereiten, einzeln nebeneinanderlegen und mit einem feuchten Küchentuch zudecken, so bleiben sie 3–4 Stunden frisch. Die Sauce für das Morchelragout kann ebenfalls vorbereitet werden.

TIPP

Mehl-Butter kann zum Voraus hergestellt (1 Teil Mehl und 1 Teil Butter) und im Kühlschrank als Mise-en-place aufbewahrt werden. Diese kann immer wieder zum Abbinden von Saucen und Suppen verwendet werden.

[REZEPT N° 03.03]

Milchgitzi aus dem Ofen, Rotweinjus mit Bärlauch, neue Bratkartoffeln mit Rosmarin, Gemüsebouquet

ZUTATEN

600–700 g	Gitzischlegel, ohne Bein
	Salz
	Pfeffer
	Bratbutter
	Röstgemüse (1 Karotte, 1/4 Sellerie, 1/4 Lauch in groben Würfeln)
1 dl	Rotwein
2 dl	brauner Fond (z.B. brauner Fond von Lacroix)
20 g	Bärlauchblätter

KARTOFFELN

500 g	neue Kartoffeln, gewaschen
	Salz
3 Stängel	Rosmarin, Nadeln abgezupft
	Olivenöl

GEMÜSE

	Gemüsebouquet nach Belieben (z.B. Kefen, Broccoli, Blumenkohl, Karotten, Bohnen, Cherry-Tomaten)
	Salz
	Pfeffer
	Butter

FÜR DIE GARNITUR

4	schöne, grosse Bärlauchblätter
	Erdnussöl zum Frittieren

ZUBEREITUNG

Backofen auf 180 °C Ober- und Unterhitze vorheizen. Das Fleisch mit Salz und Pfeffer würzen. Im Bräter Bratbutter erhitzen und das Fleisch darin im Ofen 20 Minuten anbraten. Den Ofen auf 80 °C reduzieren, das Gitzi aus dem Bräter nehmen, in ein hitzebeständiges Gefäss legen und auf der mittleren Rille im Ofen etwa 15–25 Minuten fertig garen. Das Gitzi ist nach dieser Bratzeit ungefähr rosé. Wer das Fleisch durchgegart bevorzugt, lässt den Gitzischlegel etwas länger im Ofen. Von Zeit zu Zeit mit Bratenfond übergiessen. Bratenfond in einen Topf abgiessen. Das Röstgemüse zum Bratenfond in den Topf geben und bräunen lassen. Gemüse mit dem Rotwein ablöschen. Braunen Fond und Bärlauchblätter dazugeben und gut durchkochen. Durch ein Haarsieb passieren und den Fond wieder in den Topf geben. Abschmecken und mit einer Suppenkelle das Fett an der Saucenoberfläche abschöpfen.

KARTOFFELN

Kartoffeln evtl. schälen und im kochenden Salzwasser kurz blanchieren. Gut abtropfen lassen. In einer beschichteten Bratpfanne im Olivenöl knusprig braten. Am Schluss salzen, den Rosmarin beigeben und kurz mitschwenken.

GEMÜSE

Gemüse mit Salz und Pfeffer würzen und im Dampf knackig garen. Am Schluss in einem Topf in wenig Butter durchschwenken.

GARNITUR

Die Bärlauchblätter in der Fritteuse oder in einem Topf in viel Öl frittieren.

ANRICHTEN

Fleisch fein aufschneiden, mit Gemüsebouquet und Bratkartoffeln auf einem Teller anrichten. Wenig Sauce dazugeben (nicht über das Fleisch!). Den Rest in einer Saucière dazu servieren. Mit frittierten Bärlauchblättern garnieren.

Frühlingstarte mit Rhabarber- und Erdbeersauce

ZUTATEN

250 g	Weissmehl
100 g	Butter, weich, in Würfeln
1–1,25 dl	Wasser
5 g	Salz

FÜR DIE FÜLLUNG

4 dl	Milch
1 Prise	Salz
1/2	Zitrone, unbehandelt, nur abgeriebene Schale
40 g	Griess
1 EL	Butter
80 g	Mandeln, geschält und gemahlen
50 g	Rosinen
6 EL	Zucker
2	Eigelb
2	Eiweiss

FÜR DIE ERDBEERSAUCE

200 g	Erdbeeren
50 g	Zucker
1 EL	Zitronensaft

FÜR DIE RHABARBERSAUCE

250 g	Rhabarber
60 g	Zucker

FÜR DIE GARNITUR NACH BELIEBEN

4	schöne, grosse Erdbeeren
	Rhabarber, in vier feine Streifen geschnitten
	Crème fraîche
	Pfefferminzblätter
	Rhabarber-Spirale
	Puderzucker

ZUBEREITUNG

GERIEBENER TEIG

Mehl und Butter gut miteinander verreiben, bis die Masse krümelig wird. Wasser und Salz dazugeben und zu einem geschmeidigen Teig kneten. Zu einem flachen Rechteck formen, in Klarsichtfolie wickeln und etwa eine Stunde kühl stellen. Backofen auf 220 °C Ober- und Unterhitze vorheizen. Teig auswallen und in kleine, gefettete Backförmchen auslegen, gut einstechen. Wiederum etwas kühl stellen und dann etwa 15 bis 20 Minuten auf der mittleren Rille blind ausbacken. Den Teig in den Förmchen belassen.

FÜLLUNG

Backofen auf 180 °C aufheizen. Milch, Salz und abgeriebene Zitronenschale aufkochen, Griess unter Rühren beigeben. Hitze reduzieren und unter Rühren während etwa 10 Minuten zu einem Brei kochen. Vom Herd nehmen. Restliche Zutaten ausser 2 EL Zucker und Eiweiss darunterrühren und auskühlen lassen. Eiweiss steif schlagen, restlichen Zucker beifügen, kurz weiterschlagen und unter den Brei ziehen. Die Füllung in die Förmchen mit dem gebackenen Teig verteilen und auf der mittleren Rille etwa 15–20 Minuten backen.

ERDBEERSAUCE
Erdbeeren mit dem Zitronensaft und dem Zucker mixen und durch ein Haarsieb passieren.

RHABARBERSAUCE
Rhabarber waschen, klein schneiden und mit dem Zucker weich kochen. Mixen und durch ein Haarsieb passieren.

GARNITUR
Zuckerwasser (1 Teil Zucker, 1 Teil Wasser) aufkochen, den Rhabarber hinzugeben und aufkochen. Herausnehmen, trocknen und im Backofen bei 80 °C während 3–4 Stunden trocknen lassen.

ANRICHTEN
Die Törtchen auf einem Küchenteller oder Brett mit Puderzucker bestreuen. Ein kleines Törtchen auf den Teller setzen und mit der Erdbeer- und der Rhabarbersauce leicht umranden. Nach Belieben dekorieren. Evtl. restliche Saucen in einem separaten Gefäss dazu servieren.

MISE-EN-PLACE
Die Rhabarber- und Erdbeersauce können bereits einen Tag zum Voraus zubereitet werden. Teigböden können bereits blind ausgebacken werden.

[REZEPT N° 04.01]

Rotes, gelbes oder grünes Peperonipesto

ZUTATEN

2	Peperoni, rot, gelb oder grün
etwa 1,5 dl	mildes Olivenöl, extra vergine
	Meersalz
	schwarzer Pfeffer, aus der Mühle
	Tabasco

ZUBEREITUNG

Backofen auf 150 °C Ober- und Unterhitze vorheizen. Peperoni in Alufolie verpacken und im Ofen etwa 1 1/2 Stunden garen. Auspacken, schälen, halbieren und Kerne entfernen. In kleine Stücke schneiden und cuttern. So viel Olivenöl zugeben, bis eine halb flüssige Masse entsteht. Mit Salz, Pfeffer und Tabasco würzen und in Gläser mit Deckel abfüllen.

AUFBEWAHREN

Dieses Pesto kann im Kühlschrank etwa 3 Wochen aufbewahrt werden.

[REZEPT N° 04.02]

Pilz-Feigen-Pesto mit Minze

ZUTATEN

60 g	Steinpilze, getrocknet
200 g	Champignons und Pleos
3 dl	Olivenöl
50 g	Parmesan, gerieben
2	Knoblauchzehen
60 g	Feigen, getrocknet
1/3 Bund	frische Minze
3 g	Salz

ZUBEREITUNG

Getrocknete Steinpilze im Cutter pulverisieren. Champignons, Knoblauch und Pleos in der Hälfte des Öls schmoren, bis fast alles Wasser verdunstet ist. Beiseitestellen, das Steinpilzpulver und die fein geschnittenen Feigen dazugeben. In den Cutter oder Mixer geben und mit den restlichen Zutaten fein cuttern. Mit dem Salz abschmecken und in Gläser abfüllen. Im Kühlschrank aufbewahren.

AUFBEWAHREN

Dieses Pesto kann im Kühlschrank mindestens 4 bis 6 Wochen aufbewahrt werden.

Rucolapesto

ZUTATEN

etwa 100 g	Rucola, gewaschen (je nach Schärfe mehr oder weniger Rucola)
etwa 1,5 dl	mildes Olivenöl, extra vergine
30 g	Pistazien, geschält
	Meersalz
	schwarzer Pfeffer, aus der Mühle

ZUBEREITUNG

Den Rucola klein schneiden und mit den Pistazien im Cutter zerkleinern. So viel Olivenöl zugeben, bis eine halb flüssige Masse entsteht. Mit Salz und Pfeffer abschmecken und in Gläser mit Deckel abfüllen.

AUFBEWAHREN

Dieses Pesto kann im Kühlschrank etwa 3 Wochen aufbewahrt werden.

[REZEPT N° 04.04]

Bärlauchpesto

ZUTATEN

75 g	Bärlauch
75 g	Pistazien
75 g	Parmesan, gerieben
1–1½ dl	Olivenöl, extra vergine
	Meersalz
	frisch gemahlener schwarzer Pfeffer, aus der Mühle

ZUBEREITUNG

Den Bärlauch klein schneiden und mit den Pistazien im Cutter zerkleinern. Geriebenen Parmesan beigeben, nochmals cuttern. So viel Olivenöl zugeben, bis eine halb feuchte, halb kompakte Masse entsteht. Mit Salz und Pfeffer abschmecken und in Gläser mit Deckel abfüllen.

AUFBEWAHREN

Dieses Pesto kann im Kühlschrank mindestens 4 bis 6 Wochen aufbewahrt werden.

Pesto aus rotem Basilikum

ZUTATEN

2	in Öl eingelegte getrocknete Tomaten (siehe Rezept beim Picknick Seite 80)
100 g	Pinienkerne
1 Bund	roter Basilikum, etwa 50 g Blätter
2	Knoblauchzehen
	Salz
	schwarzer Pfeffer, aus der Mühle
100 g	Pecorino, gerieben
etwa 1,5 dl	Olivenöl, extra vergine

ZUBEREITUNG

Die in Öl eingelegten Tomaten sehr fein schneiden. Pinienkerne ohne Fett in einer Bratpfanne goldbraun rösten. Basilikumblätter in den Mörser geben und zusammen mit dem Knoblauch zerstossen. Die ausgekühlten Pinienkerne beigeben und ebenfalls zerkleinern. In eine Schüssel umfüllen, den Käse beigeben und vermischen. So viel Olivenöl zugeben, dass die Sauce gebunden wird und die richtige Konsistenz erhält, halb feucht, halb kompakt. Mit Salz und Pfeffer abschmecken und in Gläser mit Deckel abfüllen.

AUFBEWAHREN

Dieses Pesto kann im Kühlschrank mindestens 4 bis 6 Wochen aufbewahrt werden.

[REZEPT N° 04.06]

Karotten-Rhabarber-Pesto mit Koriander

ZUTATEN

etwa 300 g	geschälte Karotten
200 g	Rhabarber
50 g	Parmesan
2 dl	Olivenöl, extra vergine
2 Bund	frischer Koriander
6 g	Salz

ZUBEREITUNG

Karotten und geschälten Rhabarber in kleine Würfel schneiden und im Dampf garen. Abkühlen lassen und mit den restlichen Zutaten im Mixer pürieren. Mit dem Salz abschmecken. In Gläser abfüllen und im Kühlschrank aufbewahren.

Das Pesto vor Gebrauch genügend früh aus dem Kühlschrank nehmen, bei Zimmertemperatur stehen lassen und dann mit dem Handmixer nochmals kurz aufmixen.

AUFBEWAHREN

Dieses Pesto kann im Kühlschrank mindestens 4 bis 6 Wochen aufbewahrt werden.

Sommer

[REZEPT N° 05.01]

Alkoholfreie Pfirsichbowle

(ergibt zwei Liter)

ZUTATEN

5	Pfirsiche
2 dl	Pfirsichsirup
7 dl	Rimuss Party oder ähnlicher, alkoholfreier Schaumwein
7 dl	Mineralwasser, mit Kohlensäure
1 dl	Zitronensaft, frisch
1 Bund	wenig Minze als Einlage, den Rest als Garnitur
250 g	Erdbeeren, als Garnitur

ZUBEREITUNG

Pfirsiche vom Stein lösen, in 5 mm grosse Würfel schneiden und in einen Glaskrug oder ein Bowlengefäss geben. Mit dem Pfirsichsirup 2 Stunden marinieren. Mit Rimuss übergiessen, wenig Minze in feine Streifen geschnitten dazugeben und mit dem gut gekühlten Mineralwasser auffüllen.

ANRICHTEN

In Gläser abfüllen und eine Erdbeere zusammen mit einem schönen Minzesträusschen auf den Glasrand stecken.

[REZEPT N° 05.02]

Gazpacho Andalouz

(ergibt zehn Portionen)

ZUTATEN

500 g	Gurken, geschält und entkernt
300 g	Peperoni, rote und gelbe, entkernt
500 g	Tomaten
100 g	Zwiebeln, grob gehackt
50 g	frisches Weissbrot oder Toastbrot ohne Rinde, zwischen den Fingern zerrieben
5 dl	Wasser
0,2 dl	Gemüsebouillon, stark konzentriert
0,5 dl	Rotweinessig
1 dl	Olivenöl
1	Knoblauch, gepresst (nach Belieben)
	Tabasco, nach Belieben
100 g	Toastbrot, entrindet
1 dl	Olivenöl
2 Bund	Frühlingszwiebeln

ZUBEREITUNG

Strunk der Tomaten entfernen und auf der gegenüberliegenden Seite die Haut kreuzförmig einritzen. In einem Topf Wasser erhitzen, vom Herd nehmen und die Tomaten etwa eine Minute ins heisse Wasser legen. Dann unter kaltem Wasser abschrecken. Die Tomaten enthäuten, aufschneiden, entkernen und in Würfel schneiden. Die Gurken, Peperoni, Tomaten und Zwiebeln im Mixer fein pürieren. Mit dem Wasser, dem Essig, dem zerriebenen Weissbrot, dem Olivenöl und nach Belieben mit Knoblauch und der Bouillon vermischen, nochmals aufmixen. Mit Salz, Pfeffer und je nach gewünschter Schärfe mit Tabasco abschmecken. Das Toastbrot in kleine Würfel schneiden und im Olivenöl rösten. Die Frühlingszwiebeln mit dem Grün mit einem scharfen Messer ganz fein schneiden.

ANRICHTEN

Suppe in Tassen abfüllen und mit Croûtons und Frühlingszwiebeln garnieren.

[REZEPT N° 05.03]

Sommerblattsalat

(ergibt zehn Portionen)

ZUTATEN

200 g	Treviso-Salat
200 g	Eichblatt
200 g	Lollo, grün
200 g	Frisée
100 g	Kresse
1 Paket	Rotkohl-Sprossen
1 Paket	Alfalfa-Sprossen
30	Cherry-Tomaten
3 dl	Olivenöl, extra vergine
1 dl	Haselnussöl
1,5 dl	Himbeeressig
	Salz
	Pfeffer, aus der Mühle

ZUBEREITUNG

Alle Salate waschen und in mundgerechte Blätter zupfen, Cherry-Tomaten wenn nötig halbieren. Gefällig auf einem Teller anrichten, mit den Sprossen garnieren. Olivenöl, Haselnussöl und Himbeeressig gut vermischen und mit Salz und Pfeffer würzen. Etwas Sauce über die Salate geben und mit der Pfeffermühle etwas grob gemahlenen Pfeffer darübergeben.

Salade niçoise mit Thunfisch

(ergibt zehn Portionen)

ZUTATEN

800 g	Thunfisch, frisch (Sashimi-Qualität ohne Haut)
3	Zitronen, Saft
3 dl	Olivenöl, extra vergine
1 dl	weisser Essig oder Sherryessig
	Salz
	Pfeffer, aus der Mühle
400 g	Kartoffeln, festkochend
400 g	grüne Bohnen, fein
5	Tomaten
	etwas Frisée- oder Eichblattsalat
200 g	Oliven, schwarz, entsteint
4	Eier, gekocht

FÜR DIE GARNITUR

10 Zweige	Lavendel (frisch aus dem Garten)
10	Zitronenscheiben

ZUBEREITUNG

Thunfisch in Riemen von etwa 10 cm Länge und 4 x 4 cm im Querschnitt schneiden, in einer Bratpfanne allseitig mit sehr wenig Olivenöl kurz und scharf anbraten. Mit Salz, Pfeffer und Olivenöl kurz marinieren. Das Olivenöl und den weissen Essig oder den Sherryessig miteinander vermischen und mit Salz und Pfeffer würzen. Die Kartoffeln schälen, kochen, in 1 cm grosse Würfel schneiden und noch heiss in die Sauce geben. Die Bohnen rüsten, im Salzwasser knackig kochen und im Eiswasser abschrecken. Strunk der Tomaten entfernen und auf der gegenüberliegenden Seite die Haut kreuzförmig einritzen. In einer Pfanne Wasser zum Kochen bringen und die Tomaten 4 Sekunden ins heisse Wasser legen. Dann unter kaltem Wasser abschrecken. Die Tomaten enthäuten, aufschneiden, entkernen und in Stücke schneiden. Die gekochten Eier mit dem Segment-Eierschneider in Sechstel schneiden.

ANRICHTEN

Alle Gemüse durch die Sauce ziehen und auf den Blattsalaten anrichten. Die Kartoffeln gut abtropfen lassen und mit dem Gemüse auf den Blattsalaten anrichten. Den Thunfisch mit scharfem Messer aufschneiden und über den Salat legen. Mit Lavendel und einer Zitronenscheibe garnieren und mit etwas Zitronensaft beträufeln.

[REZEPT N° 05.05]

Marinierte, gebratene Pilze

(ergibt zehn Portionen)

ZUTATEN

400 g	Pfifferlinge (in der Schweiz Eierschwämme)
500 g	Steinpilze
400 g	Shiitake
400 g	Pleos
200 g	Totentrompeten
500 g	gemischte Waldpilze
4 dl	Olivenöl, extra vergine
2	Knoblauchzehen
100 g	frische Kräuter, gehackt (Kerbel, glatte Petersilie, Basilikum, Majoran)
4	Zitronen

Immer frische und hier möglichst kleine Pilze verwenden. Pilzkontrolle nicht vergessen, wenn Pilze selbst gesucht werden!

ZUBEREITUNG

Alle Pilze sortenrein rüsten, möglichst nicht waschen, sondern mit Messer und allenfalls Bürste säubern. Sorte um Sorte kurz in der Bratpfanne in etwas Olivenöl anbraten. In ein Lochblech oder grosses Sieb geben und, falls die Pilze Wasser ziehen, abtropfen lassen. Lauwarm in ein Porzellan- oder Glasgeschirr geben, mit Salz und Pfeffer würzen und mit Zitronensaft beträufeln. Kräftiges, qualitativ gutes Olivenöl und die frischen Kräuter darübergeben und schnörkellos anrichten.

Pilzgerichte niemals im Kühlschrank aufbewahren, immer gleichentags verzehren.

[REZEPT N° 05.06]

Tomatenmousse

(ergibt zehn Portionen)

ZUTATEN

200 g	Pelati (Dosentomaten), abgetropft
120 g	Ketchup
80 g	Tomatenpüree
1 EL	Tomatensaft
2 EL	Weissweinessig
5 Blatt	Gelatine
	Salz
	Pfeffer
	Zucker
5 dl	Vollrahm, geschlagen

FÜR DIE GARNITUR

125 g	Blattsalate
3	Tomaten, klein
250 g	Pfifferlinge (in der Schweiz Eierschwämme), nach Belieben
½ Paket	Sprossen
1 Bund	Basilikum
	Olivenöl, extra vergine

ZUBEREITUNG

Die Dosentomaten/Pelati mixen und mit dem Ketchup, dem Tomatenpüree und dem Essig vermischen und in eine Schüssel geben. Die eingeweichte Gelatine abtropfen, im Tomatensaft erwärmen und alles dazugeben. Die Masse mit Salz, Pfeffer und Zucker abschmecken. Den Schlagrahm unterziehen und die Masse im Kühlschrank fest werden lassen.

ANRICHTEN

Den Strunk der Tomaten entfernen und auf der gegenüberliegenden Seite die Haut kreuzförmig einritzen. In einem Topf Wasser erhitzen, vom Herd nehmen und die Tomaten etwa eine Minute in den Topf legen. Dann unter kaltem Wasser abschrecken. Die Tomaten enthäuten, aufschneiden, entkernen und in kleine Würfel schneiden. Mit einem Löffel Nocken von der Tomatenmousse abstechen und auf einen Teller geben. Die Sprossen mit einem scharfen Messer ganz fein schneiden und zusammen mit den Blattsalaten und dem Basilikum die Tomatenmousse garnieren. Nach Belieben einige Tomatenwürfel um die Mousse streuen und ein paar kurz im Olivenöl angebratene Pfifferlinge/Eierschwämmchen dazugeben. Diese dann mit etwas Olivenöl beträufeln.

[REZEPT N° 05.07]

Ganze Forellen vom Grill

(zehn Stück)

ZUTATEN

10	Forellen (meist Regenbogenforellen, etwa 250 g pro Forelle)
3	Zitronen, unbehandelt, mit Schale, in Scheiben
3 Bund	Kräuter (Thymian, Rosmarin, Salbei)
2 dl	Olivenöl
	Meersalz, grob
	Pfeffer, aus der Mühle

FÜR DIE GARNITUR

1 Paket	Sprossen
2	Zitronenscheiben
	Kräuteröl nach Belieben (z.B. 1 TL Kerbel, Salbei, Thymian, Dill im Cutter hacken und mit Olivenöl mischen)

ZUBEREITUNG

Die Forellen im Bauch mit Meersalz würzen und mit Kräutern und Zitronenscheiben füllen. Ein ausreichend grosses Stück Alufolie mit Olivenöl bepinseln, die Forelle darauflegen und in die Alufolie einpacken. Die Alufolie beidseitig mit einem scharfen Messer oder einer Schere einritzen (ansonsten wird die Forelle gedünstet statt gegrillt!). Auf dem Grill beidseitig etwa 8 Minuten braten. Bei einem geschlossenen Gasgrill total 10–12 Minuten braten. Die Forelle aus der Folie auspacken, die Haut abziehen, den Kopf dranlassen. Die Füllungen der Forellen wieder herausnehmen, die Forelle mit Kräuteröl bepinseln und mit Zitronensaft beträufeln.

[REZEPT N° 05.08]

Rindshohrücken

(für zehn Personen)

ZUTATEN

2,5 kg	US Prime Rib, (US Beef ohne Knochen, Hohrücken)
	Olivenöl

FÜR DEN GEFÜLLTEN BAKED POTATO

10	Kartoffeln
60 g	Parmesan
30 g	glatte Petersilie, gehackt
2 dl	Sauerrahm
	Salz
	Pfeffer, aus der Mühle

FÜR DIE GARNITUR

1 Bund	Rosmarin
1 Bund	Thymian
5	Zitronen
1	Meerrettich, frisch (1 Wurzel)
	etwas Crema die Balsamico

ZUBEREITUNG

Im Backofen: Backofen auf 150 °C aufheizen. Den Hohrücken salzen und pfeffern und in einem Bräter mit etwas Öl auf allen Seiten gut anbraten. Den Backofen auf 130 °C stellen und den Braten mit einem Kerntemperaturmesser bestücken. Den Backofen so lange auf dieser Temperatur belassen, bis die Kerntemperatur des Hohrückens 40–42 °C erreicht. Backofentemperatur auf 70 °C zurückschalten und weiter braten, bis die Kerntemperatur des Fleisches 58 °C erreicht hat. Die Ofentemperatur sollte bis dann auf 70 °C gesunken sein. Ist die Kerntemperatur des Fleisches zu hoch, muss die Hitze im Ofen reduziert werden, in diesem Falle die Ofentüre für ein paar Minuten öffnen. Insgesamt etwa 120 Minuten garen.

Sollten Sie einen Cactus Jack- bzw. Oklahoma-Grill besitzen, wird der Hohrücken auf Niedertemperatur folgendermassen gegart: Hohrücken allseitig gut anbraten. Den Hohrücken mit Kerntemperaturmesser bestücken und so lange in die 1. Garkammer des Oklahoma-Grills geben (in der Nähe des Feuers), bis die Kerntemperatur 42 °C erreicht hat. Sodann das Stück in die 2. Garkammer geben (Kammer sollte etwa 130 °C haben), bei fallender Temperatur langsam garen, bis der Kern auf etwa 58 °C steht. In dieser Garkammer etwa eine Stunde bei 68 °C Kammertemperatur belassen.

GEFÜLLTER BAKED POTATO

Backofen auf 220 °C Ober- und Unterhitze vorheizen. Kartoffeln in der Schale im Salzwasser oder im Steamer weich kochen. Halbieren, Inneres herauslösen und fein passieren. Mit dem Parmesan, dem Sauerrahm und der Petersilie vermischen. Die Masse mit Hilfe eines Dressiersacks mit Sterntülle zurück in die Schalen spritzen. Die gefüllten Kartoffeln auf ein mit Backpapier belegtes Blech legen und 5-8 Minuten auf der mittleren Rille backen.

ANRICHTEN

Den Hohrücken in Tranchen schneiden, auf einen Teller geben und mit etwas Crema di Balsamico, einer halben Zitrone und einem Kräuterbündel nach Belieben garnieren. Einen gefüllten Baked Potato und frisch geriebenen Meerrettich dazu servieren.

[REZEPT N° 05.09]

Barbecue Spare Ribs

(ergibt zehn Portionen)

ZUTATEN

1,5 kg	Schweine-Spare-Ribs, beim Metzger Movie Spareribs verlangen (Zwischenstück zwischen Brust und Koteletts)
5 dl	Bier
2 dl	Wasser
5	Pfefferkörner
1 TL	Salz für den Sud
3	Zwiebeln
1 dl	Pflanzenöl
3	Knoblauchzehen
2 dl	Apfelessig
140 g	Ketchup
30 g	brauner Zucker
1	Zitrone, nur Saft
2 Spritzer	Worcestersauce
½ TL	grober, crushed Pfeffer, im Handel erhältlich

ZUBEREITUNG

Den Backofen auf 140–150 °C Ober- und Unterhitze aufheizen oder zur gegebenen Zeit den Grill aufheizen. Das Bier, das Wasser, die Pfefferkörner, das Salz und eine ganze, geschälte Zwiebel in einen genügend grossen Topf geben. Die ganzen Spare Ribs dazugeben und 15 Minuten garen. Die Spare Ribs herausnehmen und beiseitestellen. Die restlichen Zwiebeln fein hacken und mit dem Öl in einem Topf anziehen. Die Knoblauchzehen hacken und mit den angedünsteten Zwiebeln vermischen. Den Essig, das Ketchup, den braunen Zucker, den Zitronensaft und die Worcestersauce dazugeben, vermischen und auf niedriger Stufe 10 Minuten leicht köcheln lassen. Die Spare Ribs in einen Bräter (für den Backofen) oder in eine Aluminiumgrillschale (für den Grill) platzieren und mit obiger Sauce grosszügig bestreichen. Etwa eine Stunde garen. Erst nach dem Garen die Spare Ribs auseinanderschneiden.

ANRICHTEN

Auf einen Teller anrichten und nach Belieben mit einer Kaktusfeige, Kräutern oder Kafirblättern garnieren.

[REZEPT N° 05.10]

Gebratenes oder geräuchertes Gemüse und Ananas

(ergibt zehn Portionen)

ZUTATEN

1,2 kg	Peperoni
5	Zucchetti, klein
600 g	Auberginen
1	Ananas, gross, reif
	Salz
	Zucker
	Olivenöl

ZUBEREITUNG

Peperoni entkernen und vierteln. Zucchetti längs halbieren. Ananas schälen und die verbleibenden 'Schuppen' mit einem Brotmesser spiralförmig vom Fruchtfleisch entfernen und die Ananas in 1 cm dicke Scheiben schneiden. Auberginen in 1 cm dicke Scheiben schneiden. Gemüse würzen und mit einer Mischung aus 60 % Salz und 40 % Zucker bestreuen und ziehen lassen. In der Räucherpfanne (im Handel erhältlich) räuchern oder in der Grillschale, dann ohne die Salz-Zucker-Mischung, grillieren. Ananas angrillen und im Backofen bei 130 °C Ober- und Unterhitze 10 Minuten fertig garen.

ANRICHTEN

Auf einen Teller anrichten und mit Olivenöl beträufeln.

[REZEPT N° 05.11]

Corn Muffins

(ergibt zwölf Portionen)

ZUTATEN

180 g	Mehl, gesiebt
2,5 TL	Backpulver
1 TL	Salz
3 Prisen	Pfeffer
40 g	Zucker
90 g	Maismehl oder Maisgriess, fein
2	Eier
2,5 dl	Milch
60 g	Butter, geschmolzen

ZUBEREITUNG

Backofen auf 220 °C Ober- und Unterhitze aufheizen. Das Mehl, das Backpulver, das Salz und den Zucker mischen. Das Maismehl oder den feinen Maisgriess dazugeben und alles vermischen. Die Eier, die Milch und die geschmolzene Butter mischen und mit dem Schneebesen die Mehlmischung unterschlagen. In gut gefettete oder beschichtete Muffinformen füllen. Auf der mittleren Rille etwa 25 Minuten backen.

[REZEPT N° 05.12]

New York Cheesecake mit Himbeeren

(ergibt zwölf Portionen, Springform von 28 cm Durchmesser)

ZUTATEN

20	Graham oder Water Crackers, gerieben
100 g	Zucker (1)
70 g	Butter
1,1 kg	Philadelphia Cream Cheese
220 g	Zucker (2)
2 dl	Sauerrahm
5	Eier
5	Eigelb
30 g	Mehl, gesiebt
etwa 1 EL	Vanilleessenz
1	Zitrone, unbehandelt, gerieben
2 EL	Zitronensaft

FÜR DEN HIMBEERCOULIS

150 g	Himbeeren
30 g	Puderzucker

ZUBEREITUNG

Backofen auf 180 °C Ober- und Unterhitze aufheizen. Crackers, Zucker (1) und Butter zusammen verkneten. Den Boden einer beschichteten Springform damit belegen (bei unbeschichteten Formen zusätzlich den Rand mit Backpapier auskleiden) und in den Tiefkühler stellen. Den Cream Cheese mit dem Zucker (2) und dem Sauerrahm in der Küchenmaschine aufschlagen. Die Eier und die Eigelbe mit dem Mehl aufmixen und langsam unter Rühren in die Cream-Cheese-Masse einlaufen lassen. Zum Schluss die Vanilleessenz, den Zitronenabrieb und den -saft dazugeben. Die Masse in die ausgelegte Form einfüllen. Auf der mittleren Rille 10 Minuten backen, die Temperatur im Backofen auf 110 °C reduzieren und eine Stunde weiterbacken. Bei Zimmertemperatur auskühlen lassen, damit die Oberfläche keine Risse bekommt. Dann in den Kühlschrank stellen. Wenn der Cheesecake vollständig durchgekühlt ist, aus der Form lösen.

HIMBEERCOULIS

Die Himbeeren mit dem Puderzucker pürieren und durch ein feines Sieb passieren.

ANRICHTEN

In Stücke gewünschter Grösse schneiden, auf einem Teller anrichten und mit der Himbeercoulis und frischen Beeren servieren.

[REZEPT N° 05.13]

Aprikosenmousse

(ergibt zehn Portionen)

ZUTATEN

1 kg	Aprikosen
1 dl	Zuckersirup (Verhältnis: ein Teil Zucker zu zwei Teilen Wasser)
2 EL	Aprikosenlikör, z.B. Abricotine
4	Eigelb
30 g	Vanillezucker
4 Blatt	Gelatine, eingeweicht
2 dl	Vollrahm
	Mirabellen
50 g	gehackte Pistazien

ZUBEREITUNG

Aprikosen in kochendem Wasser 3–4 Sekunden blanchieren. Dann schälen, halbieren und den Stein herauslösen. Die Aprikosen mit dem Zuckersirup im Mixer pürieren und den Aprikosenlikör dazugeben. Die Eigelbe mit dem Vanillezucker im warmen Wasserbad sämig schlagen, herausnehmen und weiterschlagen, bis die Masse wieder kalt ist. Die aufgelöste Gelatine unterziehen. $^{4}/_{5}$ des Aprikosenpürees hinzufügen. Das restliche Püree zur Garnitur als Coulis zur Seite stellen. Den geschlagenen Rahm unter die Aprikosen-Eigelb-Masse ziehen und im Kühlschrank fest werden lassen.

ANRICHTEN

Aus der Mousse mit Hilfe eines Löffels Nocken ausstechen und auf einem Teller anrichten. Nach Belieben mit etwas Coulis, Mirabellen, gehackten Pistazien, Erdbeeren und Minze garnieren.

[REZEPT N° 05.14]

Beeren-Champagner-Suppe mit Minze

(ergibt zehn Portionen)

ZUTATEN

250 g	frische Erdbeeren
200 g	frische Heidelbeeren
150 g	frische Johannisbeeren
200 g	frische Himbeeren (1)
150 g	Himbeeren (2)
50 g	Puderzucker
1 Bund	Minze
3,75 dl	Champagner (eine kleine Flasche), demi-sec

ZUBEREITUNG

Beeren rüsten, Erdbeeren allenfalls waschen. Himbeeren (2) mit dem Puderzucker pürieren und durch ein feines Sieb passieren. Alle Beeren mit der Himbeercoulis vermischen.

ANRICHTEN

Die Beeren in Gläsern anrichten. Mit etwas Puderzucker bestreuen, mit schönen Früchten und Minze garnieren. Champagner, vorzugsweise demi-sec, direkt vor dem Gast darübergiessen, um das 'Schaumerlebnis' zu zelebrieren.

[REZEPT N° 06.01]

Fladenbrot mit Crème fraîche und Schnittlauch

ZUTATEN

15 g	frische Hefe
1 TL	Akazienhonig
2,5–3 dl	lauwarmes Wasser
370 g	feines Dinkelvollkornmehl
100 g	Hartweizenvollkornmehl
1,5 TL	Meersalz, unjodiert
	Sesam
1 Becher	Crème fraîche (evtl. Menge erhöhen, je nach Bedarf)
1 Bund	Schnittlauch
	Kräutersalz

ZUBEREITUNG

Backofen auf 220 °C Ober- und Unterhitze vorheizen. Die Hefe und den Honig im Wasser auflösen. Mehle und Salz beigeben, in einer grossen Schüssel mischen und zu einem geschmeidigen Teig verarbeiten. Ist er noch zu klebrig, mehr Mehl hinzufügen. Den Teig auf einer sauberen Arbeitsfläche kneten, bis er glatt und elastisch ist. Eine Schüssel mit Öl ausstreichen und den Teig darin drehen, bis er mit dem Öl überzogen ist. Zugedeckt an einem warmen Ort gehen lassen, bis sich sein Volumen verdoppelt hat. Teig nochmals kurz kneten, in 12 Stücke teilen und mit einem Nudelholz zu flachen, beliebig grossen Fladenbroten ausrollen. Auf ein mit Backpapier ausgelegtes Backblech legen und mit Wasser bepinseln. Sesam darüberstreuen. Im Ofen auf der mittleren Rille 10 Minuten backen, bis die Fladen leicht gebräunt und knusprig sind.

CRÈME FRAÎCHE

Schnittlauch in Röllchen schneiden. Mit der Crème fraîche mischen und leicht mit Kräutersalz würzen.

[REZEPT N° 06.02]

Eingelegte Oliven

ZUTATEN

	Art und Menge der Oliven nach Wahl
1	unbehandelte Zitrone, abgeriebene Schale und Saft
1	Knoblauchzehe, fein gehobelt
1 TL	Korianderkörner
1 TL	Senfkörner (Senfsaat)
	Olivenöl, nativ extra
1	Peperoncino (oder 1 TL Harissa)

ZUBEREITUNG

Die Oliven waschen und trocknen lassen. Koriander- und Senfkörner mit einer Gabel leicht andrücken und in eine Schüssel geben. Peperoncino in winzige Würfel schneiden (je nach gewünschter Schärfe mit oder ohne die Kerne) und beifügen. Der Peperoncino kann auch nach Belieben durch Harissa (eine feurige Würze, bestehend aus zerstossenen Chilischoten, Olivenöl und Knoblauch) ersetzt werden. Zitronenschale fein reiben und mit dem Saft dazugeben. Oliven beifügen und alles miteinander gut vermischen. In ein Glas mit Schraubdeckel füllen und das Olivenöl dazugiessen, bis alle Oliven von der Öl-Kräuter-Mischung leicht bedeckt sind. Vor dem Verzehr mindestens 24 Stunden ziehen lassen.

[REZEPT N° 06.03]

Getrocknete, eingelegte Tomaten

ZUTATEN

100 g	getrocknete Tomaten
1 dl	Weissweinessig
etwa 1 dl	Wasser
	Olivenöl, nativ extra
1–2	Knoblauchzehen, sehr fein gehobelt
etwa 1 KL	italienische Gewürzmischung
	getrockneter Peperoncino, in feinen Würfeln
	Kapern
	nach Belieben etwas Rosmarin, gehackt

ZUBEREITUNG

Die getrockneten Tomaten abspülen und mit dem Essig in eine Schüssel geben. Mit Wasser auffüllen, bis sie bedeckt sind. Über Nacht zugedeckt stehen lassen. Danach so viel Flüssigkeit abgiessen, dass noch etwa 1 dl übrig bleibt. Knoblauch, italienische Gewürzmischung, Peperoncino, Kapern und evtl. Rosmarin hinzufügen. Alles gut mischen und in ein Glas mit Schraubverschluss geben. Mit dem Olivenöl auffüllen, bis die Tomaten bedeckt sind. Vor dem Verzehr mindestens 24 Stunden ziehen lassen. Die so eingelegten Tomaten sind im Kühlschrank mindestens 14 Tage haltbar.

[REZEPT N° 06.04]

Pfeffer-Käse-Stangen

ZUTATEN

240 g	Parmino-Käse (Schweizer Parmesan von Alpnach) oder Parmesan
300 g	Dinkelvollkornmehl
100 g	Butter
2	Eier
100 g	Crème fraîche
1 TL	Kräutermeersalz
1 TL	Paprikapulver
½ TL	Zitronenpfeffer
2–3 TL	eingelegter rosa Pfeffer, ganz

ZUBEREITUNG

Den Backofen auf 175 °C Ober- und Unterhitze aufheizen. Den Käse, das Mehl, die Butter in Flöckchen und die Eier in eine Schüssel geben. Mit dem Knethaken in der Küchenmaschine oder mit einer Kelle von Hand krümelig rühren. Die Crème fraîche, die rosa Pfefferkörner und die Gewürze dazugeben und alles zu einem geschmeidigen, festen Teig verkneten. Unterdessen die Backbleche mit Backpapier belegen. Den Teig auf der Arbeitsfläche zu einer gleichmässigen Rolle formen und in 30 gleich grosse Scheiben schneiden. Jede Scheibe zu einer etwa 18 cm langen Stange rollen, dann mit der Hand auf 1 bis 1,5 cm Breite flachdrücken.

Die Stangen an einer Seite festhalten, das andere Ende mehrmals um die eigene Achse wenden und sofort auf die Bleche legen.

Die Stangen auf der mittleren Rille etwa 20 Minuten backen und dann auf einem Kuchengitter auskühlen lassen.

[REZEPT N° 06.05]

Griechischer Salat 'Larissa'

ZUTATEN

1	rote Peperoni
1	grüne Peperoni
1	gelbe Peperoni
200 g	Cherry-Tomaten
½	Freilandgurke
2 Stängel	Stangensellerie (Staudensellerie)
2	kleine Frühlingszwiebeln
200 g	griech. Feta (Schafskäse) 'Larissa'
100 g	griechische, schwarze Oliven

FÜR DIE SAUCE

4 EL	Aceto Balsamico (Balsamessig)
6–8 EL	Olivenöl, kalt gepresst
	Kräutermeersalz
	schwarzer Pfeffer, aus der Mühle

ZUBEREITUNG

Die Peperoni waschen, halbieren, entkernen und in Streifen schneiden. Tomaten halbieren. Gurke waschen und mit der Schale in dünne Scheiben schneiden. Den Stangensellerie in ½ cm kleine Stücke und die Zwiebeln mit dem Grün in feine Ringe schneiden. Alle Gemüse in einer Schüssel vorsichtig mischen.

SAUCE

Das Olivenöl mit dem Aceto-Essig verrühren, bis die Sauce cremig wird, und dann mit dem Kräutermeersalz und dem Pfeffer würzen. Über den Salat träufeln, mit zerbröckeltem Feta und den Oliven garnieren.

Quiche mit sommerlichen Gemüsen

ZUTATEN

200 g	Dinkelvollkornmehl
60 g	Butter
½ TL	Kräutermeersalz
1	Ei

FÜR DEN BELAG

1	Zucchini
1	rote Peperoni
1	gelbe Peperoni
200 g	kleine Cherry-Tomaten
1 Handvoll	frischer Basilikum
1 Becher	Frischkäse mit Pfeffer (Pfeffergummel oder Pfefferboursin) oder
200 g	Feta, in Würfeln

FÜR DEN GUSS

100 g	Crème fraîche
1 dl	Vollrahm
2	Eier
1	Knoblauchzehe
1,5 TL	Kräutermeersalz
½ TL	schwarzer Pfeffer, aus der Mühle

ZUBEREITUNG

Mehl, Butter, Salz und Ei mischen und zu einem geschmeidigen Teig verkneten. In Haushaltfolie wickeln und eine Stunde kühl stellen. Währenddessen den Backofen auf 180 °C vorheizen. Eine runde Backform gut ausbuttern, den Teig rund ausrollen und in die Backform geben. Mit einer Gabel einstechen. Auf der mittleren Rille 10 Minuten blind backen. Herausnehmen und etwas auskühlen lassen.

BELAG

Gemüse und den Frischkäse oder den Feta in 1 cm grosse Würfel schneiden. Cherry-Tomaten halbieren. Basilikum zupfen. Alles in einer Schüssel vorsichtig vermengen und auf den vorgebackenen Teig geben.

GUSS

Backofen auf 190 °C vorheizen. Alle Zutaten in einer Schüssel mischen und über die Gemüse auf dem Teig giessen. Etwa 30–35 Minuten backen.

Pastasalat mit Erbsen

ZUTATEN

200 g	Vollkornteigwaren (Form nach Belieben)
200 g	Erbsen, tiefgekühlt
2	Karotten, in Scheibchen
1 EL	Schnittlauch
6 EL	Sonnenblumenöl, kalt gepresst
3–4 EL	Weissweinessig
	etwas Mayonnaise
	Senf
	Kräutermeersalz
	Pfeffer

ZUBEREITUNG

Das Öl, den Essig, den Senf, die Mayonnaise und die Gewürze in einer Salatschüssel vermischen. Die Vollkornteigwaren in reichlich Salzwasser al dente kochen. Eine Minute vor Ende der Kochzeit die gefrorenen Erbsen beigeben. Die Teigwaren und die Erbsen durch ein Sieb abtropfen lassen, noch heiss in die vorbereitete Sauce geben, die Karottenscheibchen hinzufügen und gut vermengen. Währenddessen die Nudeln in der Sauce immer wieder vorsichtig mischen, bis die Teigwaren erkaltet sind. Kurz vor dem Servieren den Schnittlauch beigeben und nochmals vorsichtig mischen. Evtl. den Salat mit ein wenig Sauce oder/und Salz und Pfeffer abschmecken.

Zitronengugelhupfchen mit Kokosnuss

ZUTATEN

250 g	Dinkelvollkornmehl
2 TL	Backpulver, phosphatfrei
1 TL	Natron
1	Ei
180 g	Joghurt nature
1	unbehandelte Zitrone, Saft und abgeriebene Schale
180 g	Akazienhonig
100 g	Butter
50 g	Kokosflocken
1 dl	Kokosmilch
2 TL	selbst gemachtes Zitronat*

FÜR DIE GLASUR

1 EL	Zitronensaft
1 EL	Akazienhonig
1 EL	Limoncello (Zitronenlikör)
1 EL	Kokosflocken

ZUBEREITUNG

Backofen auf 180 °C aufheizen. Gesiebtes Dinkelvollkornmehl mit Backpulver und Natron in einer Schüssel mischen. Joghurt, Honig, Saft und abgeriebene Schale der Zitrone zugeben. Ei verquirlen und beigeben. Weiche Butter, Kokosflocken und Kokosmilch unterziehen und den Teig gut verrühren. Das Zitronat unterheben und in gut gefettete Backförmchen geben. 20–25 Minuten auf der mittleren Rille im Backofen backen. 5 Minuten in der Form stehen lassen, dann herausnehmen und auf einem Gitter auskühlen lassen.

GLASUR

Zitronensaft, Akazienhonig, Limoncello und Kokosflocken vermischen und über die kleinen Küchlein geben.

MISE-EN-PLACE

*Zitronat: zwei bis drei unbehandelte Zitronen waschen und dünn abraspeln oder schälen (ohne weisse Haut). Schale würfeln und 2–3 Tage in drei EL Akazienhonig legen. Dasselbe kann mit unbehandelten Orangen gemacht werden. Das Zitronat/Orangeat ist im Kühlschrank während etwa drei Monaten haltbar.

[REZEPT N° 06.09]

Erfrischende Pfefferminzschale

ZUTATEN

2 dl	Grapefruitsaft, frisch gepresst
1	Zitrone, Saft
4 dl	Tonicwater
1 Handvoll	frische Pfefferminze
1	unbehandelte Zitrone, in Scheiben geschnitten

ZUBEREITUNG

Pfefferminzblätter leicht quetschen, damit das Aroma sich entfalten kann, und in einen Krug geben.

Frisch gepressten Grapefruitsaft mit Zitronensaft und Tonicwater mischen und über die Pfefferminzblätter giessen. Nach Belieben zerstossenes Eis zufügen. Zitrone in Scheiben schneiden und in den Krug geben.

Marinierte Thunfischtranche und Thunfischtartar an Haselnussöl und Apfelbalsam

ZUTATEN

etwa 200 g	frischer Thunfisch, sauber pariert in etwa 0,5 cm dicken Tranchen à 50 g
100 g	frischer Thunfisch, für das Tartar
	Zitronensaft
	Fleur de sel
	Salz
	Pfeffer aus der Mühle
	Haselnussöl
	Apfelbalsamessig
	Sesam
	evtl. Koriander, Dill oder Schnittlauch fein geschnitten

FÜR DIE GARNITUR

1	Apfel, in kleinen Würfeln
	etwas Apfelbalsamessig

ZUBEREITUNG

Thunfischtranchen mit Fleur de sel, Haselnussöl und Apfelbalsamessig etwa 30 Minuten marinieren. Die Tranchen auf dem Teller anrichten, wenige Apfelwürfelchen, welche man vorher kurz in kochendem Apfelbalsamessig blanchiert hat, auf die Tranchen geben und evtl. mit Salaten, die man ganz leicht mit der Marinade des Thunfischs beträufelt, und/oder Kräutern dekorieren.

THUNFISCHTARTAR

Restlichen Thunfisch von allen Häutchen befreien und ganz fein schneiden. Mit Salz, Pfeffer und Zitronensaft würzen.

Nach Belieben Koriander, Dill oder Schnittlauch untermischen. Mit zwei Löffeln Nocken formen und leicht in Sesamsamen wenden. Zur Thunfischtranche anrichten.

[REZEPT N° 07.02]

Schaumsuppe von Zitronengras mit St.-Jakobs-Muschel

ZUTATEN

2 dl	Fischfond oder Gemüsefond
2 dl	Rahm
30 g	Zitronengras, fein geschnitten (4 längere Stücke als Spiesse aufbewahren)
	Salz
	Pfeffer
4–8	St.-Jakobs-Muscheln (je nach Grösse)
	Olivenöl
	etwas Mehl-Butter

ZUBEREITUNG

Fischfond und Rahm aufkochen. Mit Salz und Pfeffer würzen und mit der Mehl-Butter zur gewünschten Konsistenz abbinden. Zitronengras dazugeben, aufkochen und erkalten lassen. Durch ein feinmaschiges Sieb passieren.

Backofen auf 80 °C Ober- und Unterhitze aufheizen. St.-Jakobs-Muscheln auf Zitronengrasstängel aufspiessen. Etwas Olivenöl in eine Pfanne geben und die Muscheln beidseitig kurz und scharf anbraten. Mit Salz und Pfeffer leicht würzen. Herausnehmen und etwa 5 Minuten im Backofen wärmen.

Zitronengrassuppe erwärmen und mit dem Stabmixer aufschäumen. Die Spiesschen in tiefe Teller legen und mit dem Schaum übergiessen. Nach Belieben mit Kräutern dekorieren.

TIPP

Mehl-Butter kann zum Voraus hergestellt (1 Teil Mehl und 1 Teil Butter) und im Kühlschrank als Mise-en-place aufbewahrt werden. Diese kann immer wieder zum Abbinden von Saucen und Suppen verwendet werden.

[REZEPT N° 07.03]

Fischburger auf Couscous, Currysauce

ZUTATEN

200 g	Fischabschnitte, z.B. Salm, Thunfisch, Seezungen usw., in Würfelchen geschnitten
1/2 Scheibe	Toast- oder Weissbrot, ohne Rinde in Würfel geschnitten
0,25–0,5 dl	Rahm
1/2	Lauch, etwa 5 cm, fein geschnitten
1/2 Bund	Schnittlauch, fein geschnitten
	Fleur de sel
	Pfeffer, aus der Mühle
	wenig Zitronensaft
	Butter zum Anbraten
	Kokosnussraspel oder Paniermehl zum Panieren

FÜR DEN COUSCOUS

2 dl	Hühnerbouillon
100 g	Couscous
4 EL	Olivenöl, extra vergine
2 EL	Gemüsewürfelchen (Karotte, rote, gelbe und grüne Peperoni, Zucchetti)
1 EL	Pinienkerne, geröstet
1 EL	Korinthen, eingeweicht in Wasser
1 TL	Kräuter (Kerbel, Koriander, Schnittlauch)
	Salz
	Pfeffer, aus der Mühle
	Zitronensaft

ZUBEREITUNG

Den Lauch im Salzwasser blanchieren, im Eiswasser abschrecken und gut abtropfen lassen. Die Fischwürfelchen mischen, mit Brot und dem Rahm im Mixer fein pürieren. Die übrigen Zutaten bis und mit Schnittlauch zugeben und alles gründlich mischen. Mit Fleur de sel und Pfeffer würzen und mit dem Zitronensaft abschmecken. Die Masse in 4 Portionen teilen, zu Burgern formen, in Kokosnuss oder ein wenig Paniermehl panieren und in Butter auf beiden Seiten hellbraun braten, warm stellen.

COUSCOUS

Hühnerbouillon aufkochen, den Couscous einstreuen und aufkochen lassen. Am Herdrand zugedeckt etwa 15 Minuten quellen lassen. Von Zeit zu Zeit umrühren. Olivenöl erhitzen und die Gemüsewürfelchen dünsten, bis sie al dente sind. Mit den restlichen Zutaten zum Couscous geben. Gut vermischen und abschmecken. Vor dem Servieren im Steamer regenerieren oder in wenig Hühnerbouillon erwärmen.

FÜR DIE CURRYSAUCE
(ergibt etwa 1 Liter)

50 g	Bratbutter
100 g	Zwiebeln, fein gehackt
100 g	Apfel, in Würfeln
100 g	Ananaswürfel
30 g	Curry, mittelscharf (Schärfe nach Belieben)
6 dl	Geflügelfond
2 dl	Kokosmilch, ungesüsst
10 g	Ingwer, fein gerieben
5 g	Limettenblätter
50 g	Bananen, geschält
20 g	Currypaste, rot
	Salz
	Pfeffer, aus der Mühle
	wenig Limonensaft
2 dl	Rahm, geschlagen
	Mehl-Butter

CURRYSAUCE
Zwiebeln in einer genügend grossen Pfanne in der Bratbutter andünsten. Apfel und Ananas dazugeben und mitdünsten. Mit Curry bestäuben und umrühren. Mit dem Geflügelfond und der Kokosmilch auffüllen. Etwa 30 Minuten leicht sieden lassen. Bananen, Currypaste, Ingwer, Limettenblätter und Limonensaft beifügen und aufkochen. Mixen und durch ein Haarsieb passieren. Nochmals aufkochen, abschmecken. Vor dem Servieren evtl. mit Mehl-Butter etwas abbinden und den Schlagrahm darunterziehen.

ANRICHTEN
Den Couscous in einem runden Ausstechförmchen auf dem Teller anrichten, den Couscous im Ring etwas zusammendrücken und schliesslich das Ausstechförmchen entfernen. Den Fischburger auf den Couscous setzen und nach Belieben mit Kräutern dekorieren. Mit wenig Currysauce umgeben.

MISE-EN-PLACE
Die Currysauce kann vorbereitet und dann portionenweise tiefgekühlt werden. Ist mindestens 3 Monate im Tiefkühler haltbar.

Mehl-Butter siehe Rezept N° 07.02.

[REZEPT N° 07.04]

Gefülltes Wolfsbarschfilet mit kleinem Gemüse im Olivenöl gegart

(als Vorspeise)

ZUTATEN

4	Wolfsbarschfilet, je etwa 60 g, entgrätet
200 g	diverse Gemüse (z.B. Karotten, Sellerie, Bohnen, Kefen, Broccoli, Blumenkohl)
1 dl	Olivenöl
	Salz
	Pfeffer
½	Aubergine, für die Dekoration
	Erdnussöl zum Frittieren

ZUBEREITUNG

Gemüse rüsten. Karotten und Sellerie in feine Stäbchen schneiden, Broccoli und Blumenkohl in Röschen teilen. Gemüse in Salzwasser blanchieren. Fischfilets mit Salz und Pfeffer würzen. Mit dem Gemüse füllen und mit einer Küchenschnur zusammenbinden. Das Fischfilet kann wahlweise im Backofen bei 160 °C oder im Dampf bei 90 °C gegart werden. Je nachdem entweder auf ein mit Backpapier belegtes Blech legen und im Backofen etwa 10 Minuten auf der mittleren Rille garen oder im Dämpfkörbchen oder Steamer (ohne Hochdruck) etwa 6 Minuten garen. Von Zeit zu Zeit mit Olivenöl beträufeln.

DEKORATION

Aubergine in hauchdünne Scheiben schneiden. Entweder in der Fritteuse oder in einem Topf in viel Öl frittieren.

ANRICHTEN

Gefülltes Fischfilet herausnehmen, Schnur aufschneiden und den Fisch auf Teller platzieren. Das Olivenöl vom Blech durchs Sieb passieren, um eventuelles gestocktes Eiweiss zu entfernen. Die Fischroulade mit dem Olivenöl beträufeln. Mit frittierter Auberginenscheibe dekorieren.

[REZEPT N° 07.05]

Fisch- und Meeresfrüchte-Paella

(als Hauptgang)

ZUTATEN

400 g	diverse Fischfilets, festfleischiger Fisch (z.B. Seeteufel, Wolfsbarsch, Rouget, Knurrhahn)
	Zitronensaft
80 g	Calamares
etwa 120 g	Riesencrevetten, roh, in der Schale
4	St.-Jakobs-Muscheln
200 g	Miesmuscheln, geputzt
40 g	Zwiebeln, fein geschnitten
50 g	rote, gelbe und grüne Peperoni, in Würfeln oder Streifen
0,4 dl	Olivenöl
80 g	Tomaten, geschält, entkernt, in Würfeln
200 g	Risottoreis, z. B. Vialone oder Arborio
4 g	Safran, gemahlen
0,8 dl	Weisswein
1 l	Geflügelfond
80 g	Erbsen, evtl. tiefgekühlt
	Salz
	Pfeffer, aus der Mühle
2	Zitronen, halbiert

ZUBEREITUNG

Fischfilets in etwa 2 cm grosse Stücke schneiden. Calamares waschen und in 5 mm dicke Ringe schneiden. Die Fische, die Calamares, die Riesencrevetten und die St.-Jakobs-Muscheln mit Salz und Pfeffer würzen. Olivenöl in der Paellapfanne oder im Wok erhitzen. Nacheinander die Fische, den Tintenfisch, die Riesencrevetten, die Miesmuscheln und die St.-Jakobs-Muscheln kurz anbraten, herausnehmen und separat zugedeckt auf die Seite stellen. In derselben Pfanne Saft abgiessen und zur Seite stellen, nochmals etwas Olivenöl in die Pfanne geben, erhitzen und die Zwiebeln und Peperoni darin andünsten. Den Reis beigeben, glasig werden lassen und mit dem Weisswein ablöschen. Den zur Seite gestellten Saft beifügen. Safran dazugeben und nach und nach den Geflügelfond zugiessen. Zugedeckt etwa 10 bis 15 Minuten garen. In den letzten 5 Minuten die Erbsen, Fische, Calamares, Crevetten und Muscheln dazugeben und weitergaren. Kurz vor Schluss die Tomaten und St.-Jakobs-Muscheln beigeben. Zugedeckt fertig garen.

Abschmecken. In der Paellapfanne servieren. Separat Zitrone dazu reichen. Muscheln und Fische dürfen nicht trocken sein. Deshalb nicht von Anfang an zum Reis geben.

TIPP

Man kann Paella auch mit Parboiled Reis zubereiten. Nach Belieben kann auch eine Knoblauchzehe, gepresst, beigefügt werden.

[REZEPT N° 07.06]

Beerenparfait mit Fruchtsaucen

(ergibt etwa zehn Portionen, Förmchen von etwa 1 dl Inhalt)

ZUTATEN

FÜR DIE VACHERINBÖDEN

2	Eiweiss
50 g	Griesszucker
50 g	Puderzucker

FÜR DIE PARFAITMASSEN

1	Ei (etwa 60 g)
70 g	Zucker
100 g	Erdbeeren
25 g	Puderzucker
160 g	Rahm, geschlagen
1 EL	Grand Marnier

1	Ei (etwa 60 g)
70 g	Zucker
100 g	Himbeeren
25 g	Puderzucker
160 g	Rahm, geschlagen
1 EL	Grand Marnier

1	Ei (etwa 60 g)
70 g	Zucker
100 g	Brombeeren
25 g	Puderzucker
160 g	Rahm, geschlagen
1 EL	Grand Marnier

FÜR DIE FRUCHTSAUCEN

150 g	Erdbeeren
30 g	Puderzucker
1 EL	Zitronensaft

150 g	Himbeeren
30 g	Puderzucker
1 EL	Zitronensaft

150 g	Brombeeren
30 g	Puderzucker
1 EL	Zitronensaft

ZUBEREITUNG

VACHERINBÖDEN

Backofen auf 100 °C Ober- und Unterhitze aufheizen. Eiweiss schlagen, bis sich Spitzen bilden. Die ganze Menge an Zucker auf einmal dazugeben und weiterschlagen, bis die Masse fest ist. Backblech mit Backpapier auslegen. Rondellen von etwa 8 cm Durchmesser mit einem Spritzsack dünn auf das Blech auftragen. Die Bleche auf der mittleren Rille in den Backofen geben. Nach einer Stunde die Temperatur im Backofen auf 80 °C reduzieren und die Vacherinböden über Nacht im Ofen trocknen lassen.

PARFAITMASSEN

Für alle drei Geschmacksrichtungen der Parfaitmassen gleich verfahren:

Die Beeren mit dem Staubzucker mixen und durch ein Sieb passieren. Das Ei mit dem Zucker und dem Grand Marnier in einer Schüssel im Wasserbad warm aufschlagen, bis der Zucker sich aufgelöst hat. Aus dem Wasserbad nehmen und schlagen, bis die Masse wieder kalt ist. Das jeweilige Fruchtmark einrühren und den Schlagrahm unterheben.

FÜR DIE GARNITUR

Crème fraîche oder Doppelrahm

Puderzucker

Förmchen mit der Erdbeerparfaitmasse bis zu einem Drittel auffüllen und das Parfait einfrieren. Wieder herausnehmen und bis zum nächsten Drittel mit der Brombeerparfaitmasse auffüllen, wieder gefrieren lassen. Herausnehmen und das letzte Drittel mit der Himbeerparfaitmasse auffüllen, wieder gefrieren lassen.

FRUCHTSAUCEN

Jede Sorte separat mixen und durch ein feines Sieb streichen.

DEKORATION

Diverse Beeren auf einen Zahnstocher spiessen.

ANRICHTEN

Vacherinboden auf einen Teller anrichten. Förmchen mit dem Parfait kurz in heisses Wasser stellen und auf den Vacherinboden stürzen. Mit einem Vacherinboden wieder decken. Fruchtsaucen in Streifen vom Parfait weg auf den Teller geben. Zwischen die Fruchtsaucenstreifen je einen Streifen Doppelrahm oder Crème fraîche geben. Mit einem Holzspiesschen die Saucen 'ineinanderziehen'. Den Beerenspiess in das Parfait stecken, eine kleine Erdbeere gefächert aufschneiden und auf das Parfait geben. Beliebig mit Pfefferminzblättern dekorieren und mit Puderzucker bestäuben.

[REZEPT N° 08.01]

Kakaosorbet

ZUTATEN

5 dl	Wasser
420 g	Zucker
50 g	Kakaopulver, ungesüsst
250 g	Kuvertüre extra-bitter, (Cacao Sauvage, mind. 70 %) in Stücke gebrochen
50 g	Glukose (beim Bäcker, in der Drogerie oder im Reformhaus erhältlich)

ZUBEREITUNG

Wasser und Zucker aufkochen und 10 Minuten zu einem Sirup einkochen. Auf etwa 30 °C abkühlen lassen, das Kakaopulver und die Kuvertüre darin auflösen und gut vermischen. Glukose dazugeben und nochmals gut vermischen. In der Glacemaschine gefrieren.

AUFBEWAHREN

Dieses Sorbet kann etwa 3–6 Monate im Tiefkühler aufbewahrt werden.

[REZEPT N° 08.02]

Kardamomglace

ZUTATEN

3,5 dl	Milch
1,5 dl	Rahm
10 g	Kardamomkerne, zerdrückt
4	Eigelb
130 g	Zucker

ZUBEREITUNG

Milch und Rahm zusammen aufkochen. Kardamom beigeben und etwa eine Stunde am Herdrand ziehen lassen. Danach Kardamom entfernen. Eigelbe mit dem Zucker in einer Schüssel cremig rühren. Milch und Rahm dazugeben. In den Topf zurückgiessen und unter Rühren auf 72 °C erhitzen. Durch ein Haarsieb passieren, erkalten lassen und in der Glacemaschine gefrieren lassen.

AUFBEWAHREN

Diese Glace kann mindestens 3–6 Monate im Tiefkühler aufbewahrt werden.

[REZEPT N° 08.03]

Brombeerglace mit Schokoladennote

ZUTATEN

250 g	Brombeeren
3 EL	Akazienhonig
2 dl	geschlagenen Rahm
40 g	dunkle Schokolade, mindestens 70 % Kakao-Anteil
3 TL	Zimt

ZUBEREITUNG

Die Brombeeren fein pürieren und durch ein Sieb streichen. Das kernlose Mus mit dem Akazienhonig mischen. Den geschlagenen Rahm unterziehen. Die Schokolade raspeln und daruntermischen. Zimt beigeben. In der Glacemaschine gefrieren lassen.

AUFBEWAHREN

Diese Glace kann mindestens 2–3 Tage im Tiefkühler aufbewahrt werden.

[REZEPT N° 08.04]

Passionsfruchtsorbet

ZUTATEN

5 dl	Passionsfruchtsaft
2 dl	Wasser
250 g	Zucker
75 g	Glukose (in der Drogerie oder im Reformhaus erhältlich)

ZUBEREITUNG

Alle Zutaten ausser der Glukose in einem Topf aufkochen. Glukose unterrühren und auflösen. Erkalten lassen und in der Glacemaschine gefrieren lassen.

AUFBEWAHREN

Dieses Sorbet kann etwa 3–6 Monate im Tiefkühler aufbewahrt werden.

[REZEPT N° 08.05]

Rosenrahmglace

ZUTATEN

5 dl	Milch
2,5 dl	Doppelrahm
8	Eigelb
2 TL	Rosenessenz, im Handel erhältlich
1 dl	Rosensirup, im Handel erhältlich
125 g	Zucker

ZUBEREITUNG

Die Milch aufkochen. Die Eigelbe mit dem Zucker schaumig schlagen. Die Milch dazugeben und kochen, bis in der Creme Rührspuren zu sehen sind, die einige Zeit stehen bleiben. Rosenessenz, Rosensirup und Doppelrahm beifügen, gut vermischen und in der Glacemaschine gefrieren.

AUFBEWAHREN

Diese Glace kann mindestens 3–6 Monate im Tiefkühler aufbewahrt werden.

[REZEPT N° 08.06]

Aprikosenglace mit Lavendelblüten

ZUTATEN

250 g	reife Aprikosen
2 TL	Zitronensaft
3 EL	Lavendelblütenhonig
1 dl	Doppelrahm
1 dl	Rahm
2 EL	Aprikosenlikör
etwa 10	Lavendelblüten

ZUBEREITUNG

Reife Aprikosen waschen, entsteinen und zusammen mit dem Zitronensaft pürieren. Lavendelhonig und Aprikosenlikör unterrühren. Rahm und Doppelrahm cremig schlagen und beigeben.

In der Glacemaschine gefrieren lassen. Gegen Ende der Gefrierzeit die Lavendelblüten untermischen. Beim Servieren 2 TL Aprikosenlikör darübergeben.

AUFBEWAHREN

Diese Glace kann mindestens 2–3 Tage im Tiefkühler aufbewahrt werden.

Herbst

[REZEPT N° 09.01]

Kürbisflan, -tarte und -chutney

ZUTATEN

FÜR DEN KÜRBISFLAN

2,5 dl	Bouillon oder Gemüsefond
2,5 dl	Rahm
175 g	Muskatkürbis, fein geschnitten
etwa 5	Blatt Gelatine (1 Blatt Gelatine pro dl Flüssigkeit)
	Salz
	Pfeffer

FÜR DAS KÜRBISCHUTNEY

150 g	Kürbis, fein geschnitten
20 g	Rohrzucker
20 g	Schalotten, geschnitten
1 dl	Wasser
30 g	weisser Balsamicoessig
5 g	Pommery-Senf
1	Nelke
	Salz
	Pfeffer

FÜR DIE KÜRBISTARTE

1	Kuchenblech, Durchmesser 12 cm, mit geriebenem Teig ausgelegt und hellbraun blind gebacken (Rezept geriebener Teig siehe Frühlingstarte)
1	Birne
120 g	Muskatkürbis
1 EL	Kürbiskerne, geröstet und gehackt
	Salz
	Pfeffer

ZUBEREITUNG

KÜRBISFLAN

Alle Zutaten, ausser Gelatine, zusammen in einem Topf weich kochen, mixen, durch ein Haarsieb passieren. Mit Salz und Pfeffer abschmecken. Gelatine im kalten Wasser einweichen, abtropfen und in der warmen Flüssigkeit auflösen. In Soufléförmchen oder eine Form füllen und etwa 4–6 Stunden im Kühlschrank stocken lassen. Mittels Messer den Rand anlösen, stürzen und aufschneiden.

KÜRBISCHUTNEY

Alle Zutaten zusammen weich kochen. Nelke herausnehmen und Masse mixen. Abschmecken mit Salz und Pfeffer.

KÜRBISTARTE

Backofen auf 180 °C Ober- und Unterhitze aufheizen. Birne und Muskatkürbis durch die Röstiraffel reiben. Mit den Kürbiskernen mischen und mit Salz und Pfeffer würzen. Masse auf dem Teig verteilen. Für den Guss alle Zutaten verrühren, mit Salz und Pfeffer würzen und über die Tarte verteilen. Auf der mittleren Rille etwa 15 Minuten backen.

FÜR DEN GUSS

1	Eigelb
0,7 dl	Rahm
5 g	Maizena
15 g	Doppelrahm
10 g	Frischkäse, z.B. Philadelphia
	Salz
	Pfeffer

FÜR DIE GARNITUR

geröstete Kürbiskerne
wenig Kürbiskernöl
Kürbisstreifen

GARNITUR

4 feine Kürbisspalten abschneiden. Zuckerwasser (1 Teil Zucker, 1 Teil Wasser) aufkochen, die Kürbisspalten hineingeben und überwallen lassen. Herausnehmen, trocknen und im Backofen bei 80 °C 3 bis 4 Stunden trocknen lassen.

ANRICHTEN

Ein Stück der Kürbisterrine, ein Stück der Kürbistarte und ein wenig Kürbischutney ansprechend auf einem Teller anrichten. Mit gerösteten Kürbiskernen, wenig Kürbiskernöl und einer getrockneten Scheibe eines Muskatkürbisses nach Belieben garnieren.

MISE-EN-PLACE

Die Terrine und das Chutney können mindestens einen Tag im Voraus zubereitet werden.

Maissschaumsuppe

ZUTATEN

5 dl	Rindsbouillon oder Geflügelbouillon
5 dl	Rahm
250 g	Maiskörner, frisch
	Salz
	Pfeffer, aus der Mühle

ZUBEREITUNG

Bouillon und Rahm aufkochen. Maiskörner vom Kolben schneiden, dazugeben und weich kochen. Für die Einlage einige Körner herausfischen. Suppe mixen, durchs Spitzsieb passieren, mit Salz und Pfeffer abschmecken und aufmixen. Die Suppe in Suppenteller geben, einige Maiskörner als Einlage hineinstreuen und servieren.

VARIANTE

Als Einlage kann auch eine kurz angebratene Geflügelleber verwendet werden.

MISE-EN-PLACE

Die Suppe kann im Voraus zubereitet und kühl gestellt oder sogar, die Einlage separat, tiefgekühlt werden. Vor dem Servieren aufmixen und die Einlage in der Suppe aufwärmen. Geflügelleber sollte nur frisch verwendet werden.

Gebratenes Zanderfilet auf Zwiebelconfit an Porto-Rotwein-Jus

ZUTATEN

etwa 250 g	Zanderfilet
	Olivenöl
	Salz
	Pfeffer, aus der Mühle

FÜR DAS ZWIEBELCONFIT

250 g	kleine Zwiebeln, in feinen Scheiben
1,5 dl	Rahm
	Sherryessig oder Sherry
	Salz
	Pfeffer, aus der Mühle

FÜR DEN PORTO-ROTWEIN-JUS

1 dl	Rotwein
1 dl	Porto, rot
	Butter zum Binden
	Salz
	Pfeffer, aus der Mühle

FÜR DIE GARNITUR

4	kleine Frühlingszwiebeln, gedämpft und in der Mitte aufgeschnitten
4	Zwiebelscheiben

ZUBEREITUNG

ZWIEBELCONFIT

Zwiebeln, Rahm, Salz und Pfeffer in eine Pfanne geben und auf niedriger Stufe etwa 30 bis 40 Minuten simmern lassen. Mit Sherry oder Sherryessig abschmecken.

PORTO-ROTWEIN-JUS

Rotwein und Porto in eine Pfanne geben und auf $^1/_2$ dl einreduzieren. Mit Salz und Pfeffer würzen. Mit einem Schneebesen nach und nach etwas Butter so lange in die Sauce unterheben, bis die Sauce bindet.

FISCH

Zanderfilet entgräten und mit Salz und Pfeffer würzen. Olivenöl in einer Bratpfanne erhitzen. Den Fisch kurz und kräftig beidseitig, zuerst auf der Hautseite, anbraten und das Fischfilet aus der Pfanne nehmen.

GARNITUR

4 feine Zwiebelscheiben abschneiden. Zuckerwasser (1 Teil Zucker, 1 Teil Wasser) aufkochen, die Zwiebelscheiben hineingeben und überwallen lassen. Herausnehmen, abtupfen und im Backofen bei 80 °C 3 bis 4 Stunden trocknen lassen.

ANRICHTEN

Zwiebelconfit in der Mitte des Tellers anrichten und das Zanderfilet mit der Hautseite nach oben darauf anrichten. Mit Porto-Rotwein-Jus umgiessen. Nach Belieben mit den Frühlingszwiebeln und den getrockneten Zwiebelscheiben garnieren.

MISE-EN-PLACE

Das Zwiebelconfit kann einen halben Tag im Voraus zubereitet und im Kühlschrank aufbewahrt werden. Genugend früh wieder aus dem Kühlschrank nehmen, damit es beim Servieren nicht kalt ist

[REZEPT N° 09.04]

Ravioli mit Steinpilzen

ZUTATEN

350 g	Mehl, gesiebt
1	Ei, verklopft
6	Eigelb
3 EL	Olivenöl
0,5 dl	Wasser
10 g	Salz
1	Ei, verklopft

FÜR DIE STEINPILZFÜLLUNG

200–300 g	Steinpilze, geputzt
½	kleine Schalotte, fein geschnitten
1 dl	Gemüse- oder Hühnerbouillon
1 dl	Rahm
	etwas Mehl-Butter
	Salz
	Pfeffer, aus der Mühle
	etwas Butter

ZUBEREITUNG

Wasser mit Salz aufkochen und erkalten lassen. Mit den restlichen Zutaten mischen und zu einem geschmeidigen Teig kneten. In Klarsichtfolie wickeln und mindestens eine Stunde kühl stellen.

Danach Teig in 3–4 Stücke teilen und mit der Nudelmaschine so dünn wie möglich ausrollen. Stufenweise auf jeder Dicke 2–3 Mal durchpressen. Quadrate von etwa 10 x 10 cm schneiden. Mit verklopftem Ei bepinseln. Füllung (Pilze ohne Sauce) darauf verteilen (etwa 15–20 g pro Quadrat), zu einem Dreieck zusammenklappen und sehr gut andrücken, damit beim Ziehenlassen kein heisses Wasser eintritt und die Füllung verdirbt.

Restliche Teigblätter tiefkühlen oder Nudeln daraus schneiden und tiefkühlen. etwa 6 Monate im Tiefkühler haltbar.

STEINPILZFÜLLUNG

Steinpilze mit dem Sparschäler schälen. Lamellen unter dem Hut entfernen. Gemüsefond in einen Topf geben und mit den Schalotten und Pilzabschnitten etwa eine Stunde köcheln lassen. Durchs Passiertuch (wenn nicht vorhanden, durch eine Stoffwindel, die in ein dünnmaschiges Sieb eingelegt wird) passieren. Fond wieder zurück in den Topf geben, mit dem Rahm auffüllen, würzen und evtl. mit der Mehl-Butter etwas abbinden. Von den Steinpilzen 2–3 dünne Scheiben (pro Person) für die Garnitur beiseitelegen. Restliche Steinpilze in kleine Würfel schneiden. Sauce aufkochen. Pilzwürfel dazugeben, überwallen lassen, herausnehmen, in einem Sieb abtropfen lassen. Sauce vor Gebrauch nochmals aufmixen. Salzwasser in einem genügend grossen Topf aufkochen lassen. Die Ravioli darin einzeln etwa 3 Minuten ziehen (nicht kochen!) lassen, mit einer Schaumkelle aus dem Wasser heben und abtropfen lassen. Eine andere Garvariante ist der Combi-Steamer, Ravioli einfach nebeneinander in das gelochte Blech legen und 2 Minuten dämpfen.

ANRICHTEN
Die zur Seite gelegten Pilzscheiben vorsichtig in wenig Butter beidseitig braten. Ravioli auf einen Teller legen, mit aufgeschäumter Sauce nappieren.

MISE-EN-PLACE
Die Ravioli können (ungekocht) 3 bis 4 Stunden im Voraus zubereitet werden. Mit einem feuchten Küchentuch bedeckt auf die Seite stellen.

TIPP
Wenn Sie öfters Ravioli, Lasagne und Nudeln selbst herstellen, lohnt sich die Anschaffung einer Nudelmaschine. Es gibt kleine Modelle in jedem guten Haushaltwarengeschäft.

[REZEPT N° 09.05]

Ganzer, gebratener Rehrücken an Wildjus mit Wacholder, Rotkraut, glasierte Marroni, Rosenkohl, Rotweinbirne und Spätzli

ZUTATEN

REHRÜCKEN

600 g	Rehrücken, sauber pariert (vom Metzger machen lassen)
	Gewürzsalz
	Olivenöl
4 dl	Wildjus (oder Fond de Gibier)
	Gin
10	Wacholderbeeren, zerdrückt
	Mehl-Butter
	Salz
	Pfeffer, aus der Mühle

FÜR DAS ROTKRAUT

400 g	Rotkraut, fein geschnitten
1	Zwiebel, fein geschnitten
1	Apfel, fein geschnitten
2 EL	Johannisbeergelee
8 dl	Rotwein
	Lorbeerblatt
	Pfeffer, aus der Mühle
	Salz
	wenig Rotweinessig
	Butter

FÜR DIE GLASIERTEN MARRONI

200 g	Marroni, tiefgekühlt
100 g	Zucker
1,5 dl	Wasser

FÜR DEN ROSENKOHL

200 g	Rosenkohl
2 EL	Olivenöl
2 EL	Wasser
	Salz
	Pfeffer, aus der Mühle

ZUBEREITUNG

Backofen auf 80 °C aufheizen. Rehrücken kräftig würzen. In einem Bräter auf dem Herd etwas Olivenöl erhitzen, den Rehrücken hineinlegen und beide Seiten knusprig anbraten. Den Rehrücken aus dem Bräter nehmen, in ein hitzebeständiges Gefäss geben und auf der mittleren Rille im Ofen etwa 20–30 Minuten fertig garen. Das Fleisch ist dann etwa saignant (blutig) gebraten. Wenn Sie es lieber etwas mehr durchgegart möchten, lassen Sie den Rehrücken noch etwas länger im Ofen. Unterdessen den Bratensatz mit ein wenig Wasser auflösen und die Sauce in einen Topf geben. Den Wildjus und die Wacholderbeeren beigeben, aufkochen lassen, durch ein Haarsieb passieren, das Fett abschöpfen und mit Mehl-Butter auf die gewünschte Konsistenz binden. Mit Salz, Pfeffer und Gin abschmecken. Rehentrecôte mit Löffel wegschieben und tranchieren.

ROTKRAUT

Butter in einem genügend grossen Topf erwärmen und darin die Zwiebeln andünsten. Das Rotkraut und den Apfel beigeben und ebenfalls andünsten. Mit dem Rotwein ablöschen und alle weiteren Zutaten beifügen. Unter häufigem Rühren etwa 1½ Stunden weich kochen. Lorbeerblatt entfernen und das Kraut mit Salz und Pfeffer abschmecken. Rotkraut schmeckt aufgewärmt besser, daher einen Tag vorher kochen und erst vor dem Servieren in einem Topf erwärmen oder im Steamer regenerieren.

FÜR DIE ROTWEINBIRNE

4	kleine Birnen, z.B. «Gute Louise»
etwa 5 dl	Rotwein
	Zucker
½	Zimtstängel
	evtl. Zitronensaft

FÜR DIE SPÄTZLI (ETWA 10 PORTIONEN)

500 g	Mehl
4	Eier
3 dl	Wasser
	Salz
	Pfeffer
	Muskatnuss
	evtl. 1 Messerspitze Safranpulver, je nach Geschmack
	Butter zum Braten

GLASIERTE MARRONI

Den Zucker in einen Topf geben und mit wenig Wasser karamellisieren. Mit dem restlichen Wasser ablöschen. Gefrorene Marroni beigeben und bei schwacher Hitze etwa 25 Minuten ziehen und dann im Fond erkalten lassen. Können gut im Kühlschrank aufbewahrt werden. Geschmack und Farbe werden intensiver. Können kurz vor dem Servieren in einem Topf aufgewärmt oder im Steamer regeneriert werden.

ROSENKOHL

Rosenkohl rüsten und am Stielansatz kreuzförmig einritzen. Im Salzwasser al dente kochen und kalt abschrecken. Vor dem Servieren im Olivenöl und 2 Esslöffeln Wasser aufwärmen, Deckel schliessen und mit Salz und Pfeffer würzen.

ROTWEINBIRNE

Die Birnen schälen, den Stiel und die Fliege dran lassen und der Länge nach halbieren. Das Kerngehäuse mit einem Pariserlöffel (runder Löffel mit scharfer Kante) entfernen. Rotwein mit dem Zucker und dem Zimtstängel aufkochen. Fond darf angenehm süss sein. Birnen dazugeben (sie müssen mit Fond bedeckt sein) und weich kochen. Birnen mindestens 1–2 Tage im Fond liegen lassen, damit sie eine schöne Farbe annehmen. Können kurz vor dem Servieren in einem Topf aufgewärmt oder im Steamer regeneriert werden.

SPÄTZLI

Alle Zutaten in einer Schüssel zu einem Teig kneten, bis dieser Blasen wirft. Durch das Spätzlisieb ins kochende und kräftig gesalzene Wasser drücken. Aufkochen lassen, bis sie an die Oberfläche schwimmen, mit einer Schaumkelle herausnehmen und im kalten Wasser abschrecken. Vor dem Servieren in einer Bratpfanne in Butter braten und salzen.

ANRICHTEN

Rehentrecôtes tranchieren und fächerartig auf den Teller legen. Etwas Sauce auf die Seite geben. Etwas Rotkraut, ein paar Rosenkohlröschen, Spätzli sowie eine Rotweinbirne dazu anrichten. Restliche Sauce in einer vorgewärmten Saucière dazu servieren. Dazu passen Preiselbeeren.

MISE-EN-PLACE

Rotkraut, Marroni und Spätzli (ungebraten) können gut einen Tag im Voraus hergestellt und im Kühlschrank aufbewahrt werden. Die Rotweinbirnen kann man sogar 1–2 Tage vorher zubereiten, im Fond eingelegt sind sie im Kühlschrank gut haltbar.

Zwetschgenkompott und -parfait

ZUTATEN

FÜR DAS ZWETSCHGENKOMPOTT

500 g	Zwetschgen, entsteint und halbiert
3 dl	Rotwein
75 g	Zucker
75 g	Akazienhonig
1	Zimtstängel

FÜR DAS ZWETSCHGENPÜREE FÜR PARFAIT

340 g	Zwetschgen, entsteint und hallbiert
170 g	Zucker
1/3	Zitrone, ausgepresst
1,7 dl	Wasser

FÜR DAS ZWETSCHGENPARFAIT (BERECHNET FÜR 10 PERSONEN)

500 g	Zwetschgenpüree
2	Eigelb
2	Eiweiss
3 dl	Rahm, geschlagen
	Zwetschgenschnaps, nach Belieben

FÜR DIE GARNITUR

100 g	Zucker
0,25 dl	Wasser

ZUBEREITUNG

ZWETSCHGENKOMPOTT

Rotwein, Zucker, Honig und Zimtstängel in einem genügend grossen Topf aufkochen. Zwetschgen dazugeben und auf niedriger Stufe durchziehen lassen, bis sie weich sind. Im Fond erkalten lassen. Zwetschgen herausnehmen, Fond durch ein Haarsieb passieren, wieder in den Topf geben und zum Sirup einkochen. Zwetschgen wieder dazugeben und auskühlen lassen.

ZWETSCHGENPÜREE

Alle Zutaten miteinander weich kochen, mixen und durch ein Haarsieb passieren.

ZWETSCHGENPARFAIT

Eigelbe in einer Schüssel im Wasserbad warm aufschlagen und danach ausserhalb des Wasserbades schlagen, bis es kalt ist. Eiweiss steif schlagen. Mit dem Zwetschgenpüree mischen. Eiweiss darunterrühren und evtl. mit Schnaps verfeinern. In beliebige Förmchen von etwa 1 dl Füllmenge füllen und über Nacht einfrieren.

GARNITUR

Zucker mit dem Wasser zu einem Karamell kochen. Topf kurz im kalten Wasser abschrecken. Der Karamell muss eine sirupartige Konsistenz aufweisen. Aus Backpapier so viele Vierecke (etwa 4 x 10 cm) wie gewünscht schneiden. Mit einer Pinzette diese so durch den Zucker ziehen, dass eine Seite des Papiers gleichmässig und fein mit dem Karamell überzogen ist. Die Papierseite nun über ein Wallholz legen und den Karamell fest werden lassen. Papier vorsichtig lösen und von der Karamelltülle ablösen. Die Herstellung der Zuckertülle ist heikel und braucht etwas Übung!

ANRICHTEN

Zwetschgenparfait aus der Form (Form kurz ins warme Wasser stellen) auf einen Teller stürzen, etwas Zwetschgenkompott mit Sirup nach Belieben darum herum geben. Eventuell mit Zuckertülle dekorieren.

MISE-EN-PLACE

Das Zwetschgenkompott kann einige Tage im Voraus zubereitet und im Kühlschrank aufbewahrt werden. Das Zwetschgenparfait kann mind. 3–6 Monate im Tiefkühler aufbewahrt werden.

Trauben-Champagner-Dessert

ZUTATEN

2	Eier
40 g	Zucker
1 EL	Zitronensaft
125 g	Champagner
8	Traubenbeeren blau, gewaschen
4	Traubenbeeren weiss, gewaschen
2 Blatt	Gelatine, in kaltem Wasser eingeweicht

FÜR DAS GELEE

30 g	Zucker
1 dl	Champagner
1 Blatt	Gelatine, in kaltem Wasser eingeweicht

FÜR DIE FRUCHTSAUCEN

150 g	Mango, weich, geschält, in Stücken
30 g	Puderzucker
3 EL	Wasser, wenn nötig etwas mehr
150 g	Kiwi, geschält, in Stücken
30 g	Puderzucker
3 EL	Wasser
150 g	Erdbeeren
30 g	Puderzucker
1 EL	Zitronensaft

ZUBEREITUNG

Eier trennen. Eigelbe mit dem Zucker schaumig schlagen. Zitronensaft und Champagner in einem Topf erwärmen und die ausgedrückte Gelatine darin auflösen. Etwas auskühlen lassen und mit dem Eigelb/Zucker nochmals aufschlagen. Kühl stellen, bis die Creme leicht anstockt. Eiweiss steif schlagen und langsam unter die Creme mischen. In vier Förmchen von etwa 6 cm Durchmesser füllen, kühl stellen und leicht anstocken lassen. Die Traubenbeeren unten etwas abschneiden und die Kerne entfernen. Die Trauben auf die Creme setzen und mit dem Gelee auffüllen. Über Nacht im Kühlschrank fest werden lassen.

GELEE

Champagner erwärmen und Zucker darin auflösen. Gelatine dazugeben und ebenfalls auflösen. Etwas auskühlen lassen.

FRUCHTSAUCEN

Jede Sorte separat mixen und durch ein feines Sieb streichen.

ANRICHTEN

Förmchen kurz ins heisse Wasser stellen. Mit einem Messer rundherum anlösen und in die Mitte des Tellers stürzen. Die Fruchtsaucen abwechslungsweise mit Hilfe eines Löffels um das Köpfchen geben und mit einem Holzspiesschen herausziehen.

Marroni, Butter und Trockenfleisch

ZUTATEN

400 g	Edelkastanien (Marroni)
etwa 80 g	Sennereibutter
etwa 200 g	Trockenfleisch, fein aufgeschnitten

ZUBEREITUNG

Backofen auf 220 °C Ober- und Unterhitze aufheizen. Die Kastanien auf der runden Seite mit einem scharfen Messer einschneiden. Auf ein Backblech legen und auf der mittleren Rille etwa 20–25 Minuten rösten. Die Kastanien können auch auf dem Grill oder über dem Cheminéefeuer (dann zwischendurch mit etwas Wasser besprühen) gebraten werden, wenn eine Vorrichtung vorhanden ist.

Die Kastanien heiss servieren! Dazu schmeckt frische Butter und fein aufgeschnittenes Trockenfleisch.

MISE-EN-PLACE

Die Kastanien können bereits einen halben Tag zuvor eingeschnitten und zum Aufbewahren in eine Schüssel mit Wasser gelegt werden.

[REZEPT N° 10.02]

Tomatenbrot

ZUTATEN

500 g	Vollkorndinkelmehl
42 g	frische Hefe
1 TL	Akazienhonig
3 dl	Wasser, lauwarm
2 TL	Meersalz
2 EL	Tomatenmark
2 TL	provençale Kräuter
2 EL	schwarze, gehackte Oliven, nach Belieben
4 EL	Sonnenblumenöl
1	Eigelb

ZUBEREITUNG

Backofen auf 200 °C Ober- und Unterhitze aufheizen. Wasser in eine Schüssel geben und darin die Hefe und den Honig auflösen. Mehl, Salz, Öl, Tomatenmark und Kräuter dazugeben und zu einem geschmeidigen Teig kneten. Zugedeckt etwa 30 Minuten an einem warmen Ort gehen lassen. Nach Belieben nun gehackte Oliven beimischen. Zu einem runden oder länglichen Brot formen und mit Eigelb bestreichen. Auf ein mit Backpapier belegtes Blech legen und auf der mittleren Rille 50 Minuten backen.

[REZEPT N° 10.03]

Buttermilchbrot

ZUTATEN

½ l	Buttermilch nature
42 g	frische Hefe
1 TL	Akazienhonig
780 g	Dinkelvollkornmehl
2 TL	Meersalz, unjodiert
	eine Handvoll Sonnenblumenkerne

ZUBEREITUNG

Backofen auf 220 °C Ober- und Unterhitze aufheizen. Buttermilch in eine Schüssel geben. Darin die Hefe und den Honig auflösen. Salz und Mehl mischen und zur Flüssigkeit geben. Zu einem geschmeidigen Teig kneten und zugedeckt etwa 25 Minuten an einem warmen Ort gehen lassen. Dann eine Handvoll Sonnenblumenkerne einkneten. Zwei Drittel des Teigs zu einer Kugel formen, das restliche Drittel ebenfalls zu einer kleinen Kugel formen. Diese kleine Kugel mit Wasser befeuchten und auf die grosse Kugel setzen. Brot mit wenig Buttermilch bestreichen und mit wenigen Sonnenblumenkernen bestreuen. Brot auf ein mit Backpapier belegtes Blech legen und 15 Minuten bei 220 °C backen. Danach Hitze auf 180 °C reduzieren und 30 Minuten fertig backen.

[REZEPT N° 10.04]

Vollkornbrot

ZUTATEN

500 g	feines Dinkelvollkornmehl
250 g	grob gemahlenes Vierkornmehl (Gerste, Hafer, Roggen, Weizen oder Hirse usw.)
30 g	frische Hefe
1 EL	Akazienhonig
3 EL	Apfelessig
1 ½ TL	Meersalz
½ Tasse	Sonnenblumenkerne
5 dl	lauwarmes Wasser
1–2 EL	Gewürze, gemahlen, nach Belieben (Fenchel, Koriander, Kümmel)

ZUBEREITUNG

Backofen auf 200 °C Ober- und Unterhitze aufheizen. Eine Kastenform gut ausbuttern. Dinkelmehl und Vierkornschrot mischen. Hefe und Honig in wenig Wasser auflösen. Salz zum restlichen Wasser geben und ebenfalls auflösen. Beide Flüssigkeiten, den Essig, die gemahlenen Gewürze und die Sonnenblumenkerne zum Mehl geben und alles, am besten mit der Küchenmaschine, gut durchkneten. In die Kastenform füllen und auf der untersten Rille 60 Minuten backen.
Die Gewürze können auch weggelassen oder nur einzelne davon verwendet werden!

(Das Brot muss dank dem Apfelessig nicht gehen gelassen werden.)

Mehrkornbrot

ZUTATEN

100 g	Roggenvollkornmehl
150 g	Buchweizen, gemahlen
200 g	Weizenvollkornmehl
250 g	Dinkelvollkornmehl
4,5 dl	Wasser
42 g	Hefe
1 TL	Akazienhonig
2 KL	Meersalz, unjodiert
	einen 'Schuss' Apfelessig, wenn's eilt
2 EL	Sonnenblumenöl

ZUBEREITUNG

Backofen auf 250 °C Ober- und Unterhitze aufheizen. Eine Kastenform gut ausbuttern. Die Hefe und den Honig im Wasser auflösen. Vollkornmehle, Salz, Sonnenblumenöl und Essig zugeben und alles zu einem geschmeidigen Teig mischen. Der Teig wird nicht so fest wie bei einem frei geschobenen Brot, aber kompakt und elastisch, also nicht flüssig. In die Form geben, einschneiden und mit Wasser besprühen. Auf der mittleren Rille 15 Minuten backen. Dann den Backofen auf 180 °C herunterschalten und noch 40 Minuten fertig backen. Wenn kein Essig beigemischt wird, vor dem Backen zugedeckt an einem warmen Ort etwa 15 bis 20 Minuten in der Form gehen lassen.

[REZEPT N° 10.06]

Blauschimmelaufstrich

ZUTATEN

100 g	Roquefortkäse
50 g	Frischkäse nature
1 EL	Petersilie
1 TL	schwarzer Pfeffer, aus der Mühle
2	weiche, gedörrte Feigen
2 TL	Portwein

ZUBEREITUNG

Den Roquefort mit einer Gabel zerdrücken und mit dem Frischkäse verrühren. Die Feigen in kleine Würfel schneiden. Die Petersilie fein hacken. Alle Zutaten vermischen und mit dem Pfeffer abschmecken.

Champignonaufstrich

ZUTATEN

70 g	braune Champignons
5 g	getrocknete Steinpilze
1 EL	Butter
80 g	Ziegenfrischkäse nature
1 TL	Zitronensaft
1/4 TL	Kräutermeersalz
1/4 TL	Zitronenpfeffer
	Majoran, frisch
5 Tropfen	Trüffelöl

ZUBEREITUNG

Die getrockneten Steinpilze eine Stunde in Wasser einlegen. Danach das Wasser abgiessen. Die Champignons und die Steinpilze klein würfeln. Die Butter in einer Bratpfanne schmelzen lassen und die Pilze kurz darin dünsten. Abkühlen lassen. Den Ziegenfrischkäse in einer Schüssel mit einer Gabel geschmeidig rühren, die Pilze beigeben und mit dem Zitronensaft, den Majoranblättchen, Salz und Pfeffer würzen. Nach Belieben mit dem Trüffelöl abschmecken.

[REZEPT N° 10.08]

Pistazienaufstrich

ZUTATEN

50 g	Pistazien
100 g	Philadelphia-Frischkäse
1 Bund	Petersilie
1 TL	Senf mild
1 TL	Meerrettich, aus der Tube oder aus dem Glas
6–8	Mini-Cornichons

ZUBEREITUNG

Die Pistazien im Cutter fein hacken und dann in eine Schüssel geben. Die Petersilie fein hacken und zugeben. Den Senf und den Meerrettich unterrühren. Die Cornichons sehr klein würfeln und beifügen. Alles zusammen mit dem Frischkäse verrühren.

[REZEPT N° 10.09]

Macadamiabutter

ZUTATEN

50 g	Macadamianüsse
50 g	weiche Butter
1/2 TL	Kräutermeersalz
4 TL	Zitronensaft
2 cm	Peperoncino
1 TL	Petersilie

ZUBEREITUNG

Die Macadamianüsse im Cutter fein zerkleinern und dann in eine Schüssel geben. Die Butter schaumig rühren und beigeben. Den Peperoncino sehr fein würfeln, die Petersilie hacken und mit allen anderen Zutaten verrühren.

[REZEPT N° 10.10]

Karotten-Quark-Aufstrich

ZUTATEN

100 g	Karotten
70 g	Tomatenpüree
50 g	Rahmquark
50 g	weiche Butter
1 TL	Kräutermeersalz
½ TL	schwarzer Pfeffer, aus der Mühle
1 EL	Basilikum, frisch
1 EL	Oregano, frisch
1 EL	Majoran, frisch
1 EL	Petersilie, frisch
1 TL	Dill, getrocknet

ZUBEREITUNG

Die Butter in eine Schüssel geben und mit einer Gabel schaumig rühren. Den Rahmquark dazugeben. Die Karotten fein reiben und mit dem Tomatenpüree beifügen. Die Kräuter fein hacken und mit den Gewürzen unterrühren.

[REZEPT N° 10.11]

Scharfer Peperoniaufstrich

ZUTATEN

50 g	Peperoni, rot
1 EL	Schnittlauch, in Röllchen geschnitten
50 g	Frischkäse nature
50 g	Butter
2 cm	Peperoncino
½ TL	Kräutermeersalz
½ TL	schwarzer Pfeffer, aus der Mühle

ZUBEREITUNG

Die Peperoni und den Peperoncino, je nach gewünschter Schärfe mit oder ohne die Kerne, in ganz kleine Würfel schneiden und in eine Schüssel geben. Den Frischkäse sämig rühren. Die Butter schaumig schlagen. Alle Zutaten miteinander vermischen und mit den Gewürzen abschmecken.

Olivenaufstrich

ZUTATEN

100 g	schwarze Oliven, entsteint
3	getrocknete und in Öl eingelegte Tomaten
3 TL	Kapern
2 TL	Zitronensaft
etwa 5 EL	Olivenöl, extra vergine

ZUBEREITUNG

Die Oliven im Cutter fein zerkleinern und in eine Schüssel geben. Die eingelegten Tomaten sehr klein schneiden, mit den Kapern, dem Zitronensaft und dem Olivenöl zu den Oliven geben. Alles nicht zu fein verhacken.

[REZEPT N° 10.13]

Lebkuchen 'Felix'

(Menge für ein grosses Kuchenblech, rechteckig, etwa 41 x 39 cm)

ZUTATEN

500 g	Joghurt nature
5 dl	Vollrahm
400 g	Akazienhonig
300 g	Birnel (Birnendicksaft)
25 g	Lebkuchengewürz
500 g	Dinkelvollkornmehl
10 g	Natron
100 g	selbst gemachtes Zitronat (siehe Rezept N° 06.08)

ZUBEREITUNG

Backofen auf 175 °C Ober- und Unterhitze aufheizen. Kuchenblech gut ausbuttern. Joghurt, Rahm, Honig und Birnel zusammen in einer Schüssel gut verrühren. Mehl mit dem Natron und dem Lebkuchengewürz vermischen und mit all den anderen Zutaten gut verrühren. Zuletzt das Zitronat beigeben. Masse auf das Kuchenblech geben und etwa 50 Minuten backen. Auskühlen lassen und in Würfel schneiden.

Dazu passt frischer Schlagrahm oder je nach Saison auch frische Beeren.

[REZEPT N° 10.14]

Dattelaufstrich mit Ingwer

ZUTATEN

120 g	Medjool-Datteln
1	unbehandelte Zitrone, Saft
50 g	weiche Butter
1 cm	frischer Ingwer, gerieben

ZUBEREITUNG

Butter in einer Schüssel schaumig schlagen. Datteln entsteinen und sehr klein schneiden. Den Zitronensaft zu den Datteln geben und den Ingwer hineinreiben. Alles mit der Butter mischen.

[REZEPT N° 10.15]

Birnenkuchen mit Rahm

(Blech von 30 cm Durchmesser)

ZUTATEN

125 g	Dinkelvollkornmehl
110 g	Buchweizenmehl
150 g	Butter
190 g	Akazienhonig
150 g	Crème fraîche
1 ½ TL	Backpulver, phosphatfrei

FÜR DEN BELAG

3	Birnen
180 g	Crème fraîche
2 dl	Vollrahm
1 TL	Zimt
1 TL	Bourbon-Vanillepulver
70 g	Akazienhonig

ZUBEREITUNG

Backofen auf 180 °C Ober- und Unterhitze aufheizen. Backblech gut ausbuttern. Butter und Honig in einer Schüssel schaumig rühren. Mehle mit dem Backpulver vermischen und unter die schaumige Masse heben. Crème fraîche hinzufügen und die Masse auf dem Backblech gleichmässig verteilen.

BELAG

Die Birnen waschen, nicht schälen, Kerngehäuse entfernen und in dünne Spalten schneiden, auf dem rohen Teig gleichmässig in Reihen verteilen. Auf der mittleren Rille etwa 25 Minuten backen. Teigplatte auskühlen lassen.

Die Crème fraîche, Zimt, Honig und Vanillepulver vorsichtig vermischen. Rahm sehr steif schlagen. Mit einem Schneebesen die zart verrührte Crème fraîche unter den steif geschlagenen Rahm heben, auf dem Kuchen gleichmässig verteilen. Kühl stellen.

Heisse Schokolade

ZUTATEN

Criollo Chocolat de cru de Venezuela, Kakaogehalt 65 %, in Tropfenform

heisse Milch

ZUBEREITUNG

Anzahl Tropfen nach gewünschter Geschmacksintensität in Tasse oder Krug geben, mit heisser Milch übergiessen, umrühren und geniessen.

Erstklassige Zutaten können die Criollo aufs Schönste ergänzen, z.B. Orangenschokolade: Mit etwas reduziertem Orangensaft und Grand Marnier abschmecken, Sahnehäubchen darüber und geniessen. Andere klassische Zutaten sind Vanille, Zimt, Cognac. Probieren heisst entdecken!

[REZEPT N° 11.01]

Carne cruda piemontese auf Crostini

(ergibt zehn Portionen)

ZUTATEN

800 g	Kalbfleisch, vorzugsweise Nuss
2 dl	Olivenöl
3	grosse Knoblauchzehen, geschält
4	Zitronen, Saft
	Salz
	Pfeffer, aus der Mühle
1	Baguette (Weissbrot), lang
5 EL	Trüffelöl
20 g	weisser Trüffel
	Spritzer Crema Balsamico
	Kerbel

ZUBEREITUNG

Das Kalbfleisch von allen etwaigen Sehnen oder Adern befreien und in grobe Würfel schneiden. Entweder im Cutter vorsichtig kurz hacken oder besser noch mit einem grossen, scharfen Messer von Hand hacken. Von Hand hacken ist immer zu bevorzugen, da der Cutter das Fleisch sehr schnell «verbrennt», d.h. es wird griesig. Mit dem Olivenöl mischen und die Knoblauchzehen darauflegen und 2 Stunden zugedeckt im Kühlschrank ruhen lassen. Baguette in 30 Stücke schneiden und mit etwas Olivenöl bepinseln. Auf ein mit Backpapier belegtes Backblech geben, im Ofen etwa 4–5 Minuten rösten und auskühlen lassen.

Das Fleisch aus dem Külschrank nehmen und den Knoblauch fein zerdrücken. Das Fleisch mit dem Zitronensaft, dem Knoblauch, Salz, Pfeffer vermischen und sofort in 10 dicke, runde Hamburger formen.

ANRICHTEN

Crostini auf eine Platte oder die Teller geben und mit der Carne cruda belegen (etwa 25–30 g Masse pro Stück). Mit dem frisch gehobelten Trüffel, dem Trüffelöl und einem Zweig Kerbel garnieren. Rundherum etwas Crema di Balsamico (eingedickter Balsamicoessig) oder viel teureren, zirka 40-jährigen Balsamico Traditionale geben. Sofort servieren, denn wenn das Fleisch einmal mit dem Zitronensaft vermischt ist, nimmt es schnell eine graue Farbe an.

[REZEPT N° 11.02]

Spaghetti alle vongole

(ergibt zehn Portionen)

ZUTATEN

FÜR DIE SPAGHETTI

1 kg	Mehl oder Feingries
12	Eigelb
4	Eier
8 g	Salz
10 cl	Olivenöl
2 kg	Vongole (Venusmuscheln), frisch
2 dl	Olivenöl
150 g	Schalotten, fein gehackt
2	Knoblauchzehen, gepresst
3 dl	Weisswein
4 dl	Rahm
50 g	glatte Petersilie, gehackt

FÜR DIE GARNITUR

300 g	Zucchetti
	Pfeffer, aus der Mühle

Es können auch kommerzielle Spaghetti verwendet werden, in diesem Falle 80 g Rohgewicht pro Person einrechnen.

ZUBEREITUNG

Mehl oder Dunst zu einem Kranz formen. Eigelbe, Eier, Salz und Olivenöl in die Mitte geben und von aussen nach innen in das Mehl einarbeiten. Mit tüchtiger Muskelarbeit den Teig durchkneten. In Klarsichtfolie wickeln und mindestens eine Stunde kühl stellen. Danach mit der Nudelmaschine ausrollen und in Spaghetti schneiden oder wer über eine 'Ghitarra' (Holzrahmen mit Saiten) verfügt, legt die Teigblätter darauf und rollt mit dem Nudelholz darüber. Die Spaghetti antrocknen lassen und danach im Salzwasser 2 Minuten kochen. Kommerzielle Spaghetti im Salzwasser abkochen und abtropfen lassen.

Vongole gut waschen. In einer weiten Pfanne Olivenöl erhitzen und die Schalotten und den Knoblauch andünsten. Die Vongole dazugeben, mit Weisswein ablöschen und zugedeckt etwa 4 Minuten dünsten, bis sich die Schalen öffnen. Diejenigen, die nicht aufgehen, sind ungeniessbar, man muss sie fortwerfen. Die Muscheln beiseitestellen, Rahm zum Fond geben und etwas einreduzieren. Die Muscheln, die Spaghetti und die Petersilie dazugeben, mischen und mit Pfeffer und eventuell etwas Salz abschmecken.

GARNITUR

Zucchetti mit einem Zestenreisser abziehen oder ganz feine Streifen schneiden. Diese Streifen kurz in heissem Salzwasser blanchieren. Muscheln/Spaghetti in Suppenteller anrichten und die blanchierten Zucchettistreifen darauf verteilen.

[REZEPT N° 11.03]

Marronimousse mit Apfel-Kürbis-Kuchen

(ergibt zwölf Portionen)

ZUTATEN

FÜR DIE MARRONIMOUSSE

200 g	weisse Kuvertüre
10 EL	Kirsch
300 g	Marronipüree
6 dl	Vollrahm

FÜR DEN APFEL-KÜRBIS-KUCHEN

(Form 26 cm Durchmesser)

500 g	Kürbis
5	Äpfel, säuerlich
50 g	Feigen, getrocknet
30 g	Rosinen
3 EL	Rum
3 EL	Fernet Branca (Bitter)
120 g	Amaretti di Saronno (Mandelkekse)
3	Eier
100 g	Zucker
30 g	Kakaopulver ungesüsst
1	Zitrone, unbehandelt, nur Schale abgerieben
1	Orange, unbehandelt, nur Schale abgerieben

ZUBEREITUNG

MARRONIMOUSSE

Kuvertüre hacken und mit dem Kirsch im Wasserbad schmelzen. Den Rahm vorsichtig und nicht zu fest schlagen. Das Marronipüree unter die Kirsch-Kuvertüre mischen. Wenn die Mischung Zimmertemperatur erreicht hat, den Schlagrahm mit einer Kelle oder einem Spachtel in 5–6 Zügen unterziehen, da die Masse in diesem Stadium sehr empfindlich ist. In eine Schüssel füllen und im Kühlschrank kühl stellen.

APFEL-KÜRBIS-KUCHEN

Backofen auf 200 °C Ober- und Unterhitze vorheizen. Kürbis in grössere Stücke schneiden. Äpfel halbieren und Kerngehäuse entfernen. Äpfel und Kürbisstücke auf ein mit Backpapier belegtes Backblech geben und auf der mittleren Rille garen, bis das Fruchtfleisch weich ist. Herausnehmen und die Temperatur im Backofen auf 180 °C Ober- und Unterhitze reduzieren. Das Fruchtfleisch mit Hilfe einer Gabel von der Schale in eine Schüssel schaben. Die Feigen in kleine Würfel schneiden und mit den Rosinen im Rum und im Fernet Branca einweichen. Die Amaretti an einer feinen Raffel reiben. Mit den Eiern, dem Zucker, dem Kakao und dem Orangen-/Zitronenabrieb vermischen und unter das Apfel-Kürbis-Püree ziehen. Wenn die Rosinen und Feigen die Flüssigkeit aufgesogen haben, sie ebenfalls unter die Masse ziehen. Eine beschichtete Springform ausbuttern oder eine unbeschichtete Springform mit Backpapier auslegen. Die Masse in die Form füllen und 10 Minuten backen.

Danach den Backofen auf 120 °C einstellen und etwa 1 1/2 Stunden backen beziehungsweise trocknen. Herausnehmen und in der Form bei Zimmertemperatur auskühlen lassen. Der Kuchen hat eine sehr weiche und feuchte Konsistenz und lässt sich dadurch über eine Woche zugedeckt im Kühlschrank aufbewahren.

ANRICHTEN

Kuchen in Stücke teilen, auf die Teller legen und von der Marronimousse zwei Nocken mit einem Löffel oder einem ovalen Glacelöffel ausstechen und zum Kuchen anrichten. Nach Belieben mit Minze und Feigen oder anderen Herbstfrüchten garnieren. Mit wenig Kakao und Puderzucker bestäuben.

[REZEPT N° 12.01]

Theilersbirnen-Gelee

ZUTATEN

850 g	Mostbirnen (Theilersbirnen)
500 g	Zucker

ZUBEREITUNG

Birnen waschen. Nur Stiel und Fliege entfernen. Mit der Schale in Stücke schneiden. In einen Topf geben und so viel Wasser zugeben, dass die Fruchtstücke bedeckt sind. Sehr weich kochen. Eventuell über Nacht zugedeckt in der Flüssigkeit stehen lassen. Die Früchte mit einer Gabel zerdrücken und dann durch ein Haarsieb streichen, sodass sich etwa 650 g Flüssigkeit ergeben. Diese mit 500 g Zucker einkochen, bis die Flüssigkeit geliert. In sehr saubere Gläser abfüllen und schliessen. Auskühlen lassen.

Bei diesem Gelee wird auf Gelierzucker verzichtet, da es sonst an Aroma verliert!

AUFBEWAHREN

Zum Lagern kühl und dunkel stellen. Einmal geöffnet, sollte das Gelee im Kühlschrank aufbewahrt und relativ rasch aufgebraucht werden.

Traubengelee

ZUTATEN

1 kg	Americano-Trauben (das Traubengelee wird nur mit dieser Sorte aromatisch)
	Wasser oder Apfelsaft
	etwas Zitronensaft
	Gelierzucker

ZUBEREITUNG

Ganze Trauben mit den Stielen und mit ganz wenig Wasser oder Apfelsaft aufkochen. Köcheln lassen, bis die Häute platzen. 10 Minuten stehen lassen und dann durch ein feines Haarsieb drücken. Den so erhaltenen Saft abmessen und in einen Topf geben. Gleich viel Gelierzucker (oder nach Belieben etwas weniger) wie erhaltenen Saft und den Zitronensaft beifügen. Etwa 5 bis 6 Minuten sprudelnd kochen, bis die Flüssigkeit geliert. Den Schaum vom Gelee abschöpfen und siedend heiss in sehr saubere, vorgewärmte Gläser abfüllen und sofort schliessen. Auskühlen lassen.

AUFBEWAHREN

Zum Lagern kühl und dunkel stellen. Einmal geöffnet, sollte das Gelee im Kühlschrank aufbewahrt und relativ rasch aufgebraucht werden.

Quittengelee

ZUTATEN

2 kg	reife Quitten
1	Zitrone
	Wasser
	Gelierzucker

ZUBEREITUNG

Quitten mit einem Tuch abreiben, mitsamt dem Kerngehäuse in Stücke schneiden und 1 kg mit einer halben Zitrone in einen genügend grossen Topf geben. Mit Wasser knapp bedecken und etwa 30 bis 50 Minuten weich kochen. Topf zudecken und über Nacht stehen lassen. Dann die Quitten durch ein feines Haarsieb abtropfen lassen, nicht durch das Sieb drücken, sonst wird das Gelee trüb. Den so gewonnenen Saft wieder in den gesäuberten Topf geben. Das zweite kg der Quitten auch in Stücke schneiden und mit der anderen Hälfte der Zitrone zum Saft geben. Die Quitten sollten wiederum mit Flüssigkeit bedeckt sein, ansonsten mit etwas Wasser auffüllen. Die Quitten erneut weich kochen, nochmals eine Nacht in der Flüssigkeit stehen lassen. Danach die Quitten wieder durch ein feines Haarsieb abtropfen lassen. So wird das Quittengelee sehr aromatisch. Nun die Flüssigkeit abmessen und gleich viel Gelierzucker (oder nach Belieben etwas weniger) wie Flüssigkeit in einen Topf geben und etwa 5 bis 6 Minuten sprudelnd kochen, bis die Flüssigkeit geliert. Den Schaum vom Gelee abschöpfen und siedend heiss in sehr saubere, vorgewärmte Gläser abfüllen und sofort schliessen. Auskühlen lassen.

AUFBEWAHREN

Zum Lagern kühl und dunkel stellen. Einmal geöffnet, sollte das Gelee im Kühlschrank aufbewahrt und relativ rasch aufgebraucht werden.

[REZEPT N° 12.04]

Kürbiskonfitüre

ZUTATEN

1 kg	Kürbis
200 g	Äpfel
1 kg	Gelierzucker
3	Zitronen, Saft
1	Zimtstängel

ZUBEREITUNG

Kürbis und Äpfel schälen und in kleine Würfel schneiden, mit dem Gelierzucker in einen Topf mischen und zugedeckt über Nacht stehen lassen. Den Zitronensaft und den Zimtstängel dazugeben und alles unter Rühren aufkochen. 5–6 Minuten bei voller Hitze kochen lassen. Den Zimtstängel herausnehmen und die Konfitüre heiss in sehr saubere Gläser abfüllen und verschliessen. Die Masse kann auch nach Belieben vor dem Abfüllen mit gerösteten Kürbiskernen oder mit Rosinen vermengt werden.

AUFBEWAHREN

Zum Lagern kühl und dunkel stellen. Einmal geöffnet, sollte die Konfitüre im Kühlschrank aufbewahrt und relativ rasch aufgebraucht werden.

Marronikonfitüre

ZUTATEN

2 kg	Marroni (Edelkastanien) in der Schale
oder	
1,5 kg	geschälte Marroni (es können auch tiefgekühlte Marroni verwendet werden, der Geschmack ist dann etwas weniger intensiv)
etwa 1,5 kg	Zucker
1 KL	ausgekratzte Vanillesamen
200 g	Akazienhonig
1 Prise	Zimt
1 Prise	Kardamom
3 EL	Kirsch, zum Beträufeln

ZUBEREITUNG

Die Marroni schälen oder geschälte Marroni verwenden und im Salzwasser weich kochen. 4/5 davon fein passieren und die restlichen in groben Stücken zur entstandenen Masse geben. Die ganze Masse wägen. Dieselbe Menge Zucker wie Marronimasse in einen genügend grossen Topf geben. Mit 2 dl Wasser pro Kilogramm Zucker 10 Minuten kochen lassen. Nun die Marronimasse, den Honig und die Vanille hinzufügen. Mit Zimt und Kardamom abschmecken. Nochmals 20 Minuten auf leichtem Feuer kochen und in sehr saubere Gläser abfüllen. Einige Tropfen Kirsch darauftraufeln und im heissen Zustand hermetisch verschliessen.

AUFBEWAHREN

Zum Lagern kühl und dunkel stellen. Einmal geöffnet, sollte die Konfitüre im Kühlschrank aufbewahrt und relativ rasch aufgebraucht werden.

[REZEPT N° 12.06]

Hagebuttenkonfitüre

ZUTATEN

1 kg	Buttenmost (Hagebuttenmark; siehe Bezugsquellen)
1 kg	Gelierzucker

ZUBEREITUNG

Buttenmost und Gelierzucker unter Rühren aufkochen. 4–5 Minuten sprudelnd kochen lassen. Das Gelee abschäumen und siedend heiss in sehr saubere, vorgewärmte Gläser abfüllen und schliessen. Auskühlen lassen.

AUFBEWAHREN

Zum Lagern kühl und dunkel stellen. Einmal geöffnet, sollte die Konfitüre im Kühlschrank aufbewahrt und relativ rasch aufgebraucht werden.

Winter

Randencarpaccio mit Randensalat und Meerrettichschaum

ZUTATEN

1	Rande, roh
2	Randen, gekocht
1–2 EL	Meerrettich, fein gerieben
1 dl	Vollrahm, geschlagen
	Zitronensaft
	Balsamicoessig, weiss
	Olivenöl
	Salz
	Fleur de sel
	Pfeffer, aus der Mühle

ZUBEREITUNG

RANDENCARPACCIO

Rohe Rande schälen und in hauchdünne Blätter schneiden oder an der Gemüseraffel hauchdünn reiben. Teller mit Randenblättern belegen, mit Fleur de sel würzen und mit Olivenöl beträufeln.

RANDENSALAT

Gekochte Randen schälen und an der Röstiraffel reiben. Mit Salz, Pfeffer, Olivenöl und Balsamicoessig würzen. Randensalat in der Mitte des Tellers anrichten.

MEERRETTICHSCHAUM

Schlagrahm und Meerrettich vorsichtig mischen. Mit Zitronensaft, Salz und Pfeffer würzen. Mit zwei Löffeln eine Nocke formen und auf den Randensalat geben.

DEKORATION

Randenstreifen und ein Randenblatt schwimmend in Öl frittieren und dekorieren.

MISE-EN-PLACE

Der Randensalat kann einen Tag zum Voraus vorbereitet und zugedeckt im Kühlschrank aufbewahrt werden.

[REZEPT N° 13.02]

Gebratene Gänseleber an Hagebuttensauce, Brioche mit Sultaninen

ZUTATEN

FÜR DIE BRIOCHE

4 Tranchen Gänse- oder Entenleber, à 40 g
Salz
Pfeffer
(ergibt 4 kleine Terrinenformen)

1 kg	Weissmehl, gesiebt
84 g	frische Hefe (zwei Würfel)
60 g	Milch, lauwarm
400 g	Butter, weich, in Würfeln
8	Eier, Zimmertemperatur
200 g	Sultaninen
12 g	Salz
2	Eigelb, zum Bestreichen

FÜR DIE HAGEBUTTENSAUCE

4 EL	Hagebuttenkonfitüre
4 EL	Rotwein
2 EL	Portwein
	Salz
	Pfeffer
	Tabasco

ZUBEREITUNG

BRIOCHE

Backofen auf 220 °C (Ober- und Unterhitze) vorheizen. Hefe in der lauwarmen Milch auflösen. Mehl in eine Schüssel sieben und eine kleine Vertiefung eindrücken. Milch-Hefe-Gemisch in Vertiefung giessen und mit etwas Mehl einen kleinen Vorteig mischen. Dieser sollte leicht pappig sein. Den Vorteig mit Haushaltfolie abdecken. Etwa 15 Minuten an einem warmen Ort gehen lassen. Butter zum Mehl und dem Vorteig geben und gut zusammen verreiben. Zerschlagene Eier langsam darunterkneten. Sultaninen und Salz dazugeben und alles zu einem geschmeidigen Teig verarbeiten. Mit Haushaltfolie abdecken und etwa 30 Minuten gehen lassen. Unterdessen vier Briochebackformen oder Terrinenformen ausbuttern. Den Teig in vier gleich grosse Stücke schneiden, zu einer Rolle formen und in die gebutterten Formen geben. Nochmals 30 Minuten gehen lassen, mit Eigelb bestreichen und im Ofen auf der untersten Rille bei 220 °C etwa 20 Minuten backen.

HAGEBUTTENSAUCE

Hagebuttenkonfitüre, Rotwein und Portwein unter Rühren in einer Pfanne erwärmen und mit Salz, Pfeffer und Tabasco würzen. Auskühlen lassen.

GÄNSE- ODER ENTENLEBER

Backofen auf 80 °C aufheizen. Gänse- oder Entenleber mit Salz und Pfeffer würzen und beidseitig in einer Bratpfanne sehr heiss anbraten. Die Leber herausnehmen und 2–3 Minuten im Backofen warm stellen. Auf einen Teller anrichten, mit Hagebuttensauce garnieren, dazu Brioche servieren.

MISE-EN-PLACE

Brioche einen halben Tag zum Voraus zubereiten, da die Herstellung (inkl. Aufgehenlassen und Backen) etwa 2 Stunden benötigt!

Tiefgekühlt sind fertige Brioches etwa 6 Monate haltbar.

[REZEPT N° 13.03]

Miesmuscheln im eigenen Fond

ZUTATEN

60–80	Miesmuscheln, geputzt
5 dl	Weisswein
1 kleine	Zwiebel, fein geschnitten
etwa 100 g	Lauch, Sellerie und Karotten, in feine Streifen geschnitten
1 Zweig	Thymian
	Olivenöl

ZUBEREITUNG

Olivenöl in einer weiten Pfanne erhitzen, darin Zwiebeln und Gemüsestreifen andünsten. Muscheln und Thymianzweig dazugeben, mit dem Weisswein ablöschen und die Pfanne mit einem Deckel zudecken. Die Muscheln etwa 5 Minuten auf niedriger Temperatur sanft ziehen lassen.

In Suppenteller anrichten, Gemüse und Fond auf die Teller aufteilen.

Achtung! Nur geschlossene Muscheln verwenden. Wenn sich die Muscheln beim Kochen nicht öffnen, sind sie nicht geniessbar, werfen Sie sie weg!

MISE-EN-PLACE

Zwiebeln und Gemüsestreifen können einen halben Tag zum Voraus vorbereitet und zugedeckt im Kühlschrank aufbewahrt werden.

Seeteufelmedaillon mit Orangenchicorée an Orangensauce

ZUTATEN

4	kleine, weisse Chicorée
4	Seeteufelmedaillons, je etwa 50 g
etwa ½ l	Orangensaft, frisch gepresst
1	Schale einer ungespritzten Orange, in feinen Streifen (Orangenzesten)
	Salz
	Pfeffer
	etwas Mehl
1 EL	weiche Butter
1 EL	Olivenöl

ZUBEREITUNG

ORANGENCHICORÉE

Backofen auf 80 °C aufheizen. Chicorée, ganz und die Streifen der Orangenschalen mit dem Orangensaft in einen Topf geben, leicht mit Salz und Pfeffer würzen und weich kochen. Um den Chicorée vollständig mit Orangensaft zu bedecken, wird er mit einem Teller beschwert. Danach Chicorée aus dem Orangensaft nehmen und zugedeckt im Ofen warm stellen. Die Orangenzesten für die Dekoration auf die Seite legen. Orangensaft auf 1 dl einkochen und danach durch ein Sieb passieren. Mit der Butter zu einer sämigen Sauce aufschlagen.

SEETEUFELMEDAILLONS

Mit Salz und Pfeffer würzen und im Mehl wenden. Überschüssiges Mehl abklopfen. In einer heissen Bratpfanne im Olivenöl beidseitig hellbraun anbraten.

ANRICHTEN

Strunk des Chicorées abschneiden und die Chicoréeblätter fächerartig in die Mitte des Tellers legen, etwas Sauce darübergeben und Seeteufelmedaillon daran setzen. Daneben mit einzelnen Orangenschalen-Streifen garnieren.

Rindsfilet nach Niedergarmethode, Sauce béarnaise, kleines Gemüse im Wirzköpfchen, Kartoffeltarte

ZUTATEN

400–500 g	Rindsfilet am Stück (evtl. 150 g pro Person, wenn weniger Vorspeisen gereicht werden)
	Salz
	Pfeffer
etwa 2 EL	Olivenöl

FÜR DIE SAUCE BÉARNAISE

120 g	Butter
2	Eigelb
2 EL	Weisswein
1 Spritzer	Estragonessig
1 TL	frischer Estragon, fein geschnitten
	Salz
	Pfeffer
	Tabasco

FÜR DAS WIRZKÖPFCHEN

4	Wirzblätter
200–300 g	gemischte Gemüsewürfel von Karotten, Sellerie, Zucchetti und Kohlraben
	Salz
	Pfeffer
	Olivenöl

FÜR DIE KARTOFFELTARTE MIT LAUCH

700 g	Kartoffeln (mehlig kochend), geschält
etwa 100 g	junger Lauch oder Grün von Frühlingszwiebeln, in feine Streifen geschnitten
	Meersalz
	Pfeffer
1 Prise	Muskatnuss
	Bratbutter für die Form (reichlich ausbuttern)

ZUBEREITUNG

Backofen auf 80 °C Ober- und Unterhitze vorheizen. Rindsfilet rundherum mit Salz und Pfeffer kräftig würzen. In einem Bräter auf dem Herd allseitig sehr heiss anbraten, mit einem Kerntemperaturmesser bestücken und danach bei 80 °C im Backofen auf der mittleren Rille mind. eine Stunde garen lassen. Das Rindsfilet ist bei ca. 50–55 °C saignant gebraten.

SAUCE BÉARNAISE

Weisswein, Estragonessig und Eigelbe im Wasserbad aufschlagen, bis eine sämige Masse entsteht. Die Butter auf etwa 40 °C erwärmen (ungefähr Körpertemperatur) und nach und nach unter die Essig-Ei-Masse schwingen. Am Schluss Estragon dazugeben und mit Salz, Pfeffer und Tabasco würzen. Bis zum Gebrauch an einen warmen Ort stellen, z.B. Herdrand. Vor Gebrauch nochmals kurz aufschwingen und evtl. nochmals im Wasserbad etwas aufwärmen.

WIRZKÖPFCHEN

Wirzblätter und Gemüsewürfel in kochendem Salzwasser blanchieren und danach abschrecken. Wasser abgiessen, Wirzblätter beiseitelegen. Gemüsewürfel im Olivenöl anziehen und mit Salz und Pfeffer würzen. Kleine Schöpfkelle mit Olivenöl auspinseln und ein Wirzblatt hineinlegen. Etwa ¼ der Gemüsewürfel fest hineindrücken und unten mit dem Wirzblatt verschliessen. Überschüssigen Wirz wegschneiden. Aus der Schöpfkelle lösen und auf einem Teller oder einem kleinen Blech bis zur Weiterverarbeitung beiseitestellen. Auf diese Weise für alle vier Wirzköpfchen verfahren.

KARTOFFELTARTE
Backofen auf 200 °C vorheizen. Von den Kartoffeln so viele in feine Scheiben hobeln, dass sich Boden und Rand einer Kuchenform von etwa 18 cm Durchmesser bedecken lassen. Rest in feine Streifen schneiden, mit dem Lauch mischen und mit Salz, Pfeffer und Muskat würzen. Kartoffelscheiben schuppenartig in die bebutterte Form schichten. Die Kartoffel- und Lauchstreifen darübergeben und andrücken. Mit wenig flüssiger Bratbutter beträufeln. Auf der untersten Rille des Backofens etwa 45 Minuten knusprig backen. Wenn nicht zwei Backöfen vorhanden sind, kann die Kartoffeltarte vorher zubereitet werden und zum Warmhalten zum Rindsfilet in den Ofen gestellt werden.

ANRICHTEN
Wirzköpfchen im Dampf heiss machen. Das geschieht entweder mittels Dämpfkörbchen über dem Dampf in einem Topf mit wenig kochendem Wasser oder im Combisteamer (kein Hochdruck!) regenerieren. Der Zeitaufwand hängt davon ab, ob das Wirzköpfchen im Kühlschrank gelagert wurde oder nicht. In der Mitte aufschneiden und auf den Teller setzen. Ein Stück Kartoffeltarte dazulegen. Fleisch in vier Tranchen schneiden und anrichten. Wenig Sauce béarnaise auf die Seite des Rindsfilets dazu geben. Leeren Sie nie die Sauce über das Fleisch, das wäre schade. Rest der Sauce separat in einem vorgeheizten Behältnis servieren. Der zweite Teil der Wirzköpfchen und die restliche Kartoffeltarte können als Nachservice gereicht werden.

MISE-EN-PLACE
Wirzköpfchen können einen halben Tag zum Voraus zubereitet, zugedeckt im Kühlschrank aufbewahrt und vor dem Anrichten heiss gemacht werden.

Karamellvariation

ZUTATEN

FÜR DIE GEBRANNTE CREME

(für sechs bis zehn Personen)

1 l	Milch
200 g	Zucker
0,5 dl	Wasser
35 g	Maizena
6	Eigelb
4 dl	Schlagrahm
	etwas Crème fraîche für die Dekoration

FÜR DIE CREMA CATALANA

(etwa zehn Portionen)

150 g	Zucker
3 dl	Milch
3 dl	Rahm
1	Vanillestängel, ausgekratzt
7	Eigelb

FÜR DAS KARAMELLKÖPFLI

(vier Personen)

80 g	Zucker
0,2 dl	Wasser
2,5 dl	Vollmilch
1	Vanilleschote, längs halbiert und in die Milch ausgekratzt
1	Ei
1	Eigelb
40 g	Zucker

FÜR DIE KARAMELLDEKORATION

150 g	Mandeln, grob gehackt
200 g	Zucker
50 g	Wasser

ZUBEREITUNG

GEBRANNTE CREME

Maizena in wenig kalter Milch auflösen. 150 g Zucker mit dem Wasser in einem Topf dunkelbraun karamellisieren. Milch vorsichtig dazugiessen und erwärmen, bis der ganze Zucker aufgelöst ist. Aufgelöstes Maizena hinzugeben, gut umrühren und einige Minuten durchkochen. Danach etwas abkühlen lassen. Eigelbe mit restlichem Zucker erst in einer Schüssel schaumig rühren und dann zur Milchcreme geben. Unter ständigem Rühren kurz aufkochen lassen. Den Topf vom Herd nehmen und weiterrühren. Die Creme ist fertig, wenn im Topf die Rührspuren zu sehen sind und einige Zeit stehen bleiben. Durch ein Haarsieb passieren und unter gelegentlichem Rühren abkühlen lassen. Vor dem Servieren den Schlagrahm unter die Creme ziehen.

CREMA CATALANA

Backofen auf 160 °C Ober- und Unterhitze vorheizen. Zucker, Milch, Rahm und Vanillestängel in einem Topf aufkochen, danach abkühlen lassen. Eigelbe in einer Schüssel verrühren und die Milch-Rahm-Mischung langsam darunterziehen. Durch ein Sieb passieren und in hitzebeständige Souffléförmchen füllen. Einen Bräter mit drei bis vier Lagen Zeitungspapier auslegen und die Förmchen hineinstellen. Bräter bis kurz unter den Rand der Souffléförmchen mit Wasser füllen, dann etwa eine Stunde im Ofen pochieren. Vor dem Servieren mit Rohrzucker bestreuen und mit einem Bunsenbrenner (den Sie gar nicht teuer in guten Haushaltswarengeschäften bekommen) abflammen.

KARAMELLKÖPFLI
Backofen auf 160 °C Ober- und Unterhitze aufheizen. 80 g Zucker hellbraun karamellisieren. Mit dem Wasser ablöschen und den Zucker darin auflösen. In vier Souffléförmchen verteilen.

Vollmilch mit der Vanilleschote aufkochen. Ei und Zucker in einer Schüssel cremig rühren. Heisse Vanillemilch unter ständigem Rühren unter die Eimasse geben. Creme durch ein Harrsieb passieren und in Förmchen füllen.

Im Wasserbad etwa eine Stunde (wie Crema Catalana) pochieren und anschliessend auskühlen lassen. Am Rand anlösen und stürzen.

KROKANT
Zucker mit Wasser in einer Pfanne karamellisieren. Gehackte Mandeln dazugeben und gut vermischen. Auf ein Backpapier giessen. Mit dem zweiten Backpapier belegen. Mit dem Wallholz möglichst dünn auswallen. Erkalten lassen und in Stücke brechen.

ANRICHTEN
Karamellköpfli auf einen grossen Teller stellen. Mit einem Löffel einen Teil der gebrannten Creme dazugeben. Mit Crème fraîche Kreise auf der gebrannten Creme ziehen und mit einem Holzspiess in die gewünschte Richtung ziehen. Crema Catalana im Förmchen dazustellen. Karamelldekoration nach Belieben.

TIPP
Diese Karamellgerichte können natürlich auch einzeln serviert werden.

[REZEPT N° 13.07]

Schokoladenfondant mit Vanilleglace und Vanillesauce

ZUTATEN

FÜR DAS SCHOKOLADENFONDANT

250 g	dunkle Schokolade
250 g	Butter, weich
150 g	Zucker
40 g	Mehl
3	Eier
	wenig Butter zum Ausbuttern
	Puderzucker zum Dekorieren

FÜR DIE VANILLEGLACE

(ergibt etwa zehn Portionen)

3,5 dl	Milch
1,5 dl	Rahm
130 g	Zucker
4	Eigelb
2	Vanillestängel

FÜR DIE VANILLESAUCE

75 g	Zucker
5 dl	Milch
1	Vanillestängel, aufgeschnitten
4	Eigelb

FÜR DAS KARAMELLKÖRBCHEN (GARNITUR)

100 g	Zucker
0,25 dl	Wasser

ZUBEREITUNG

SCHOKOLADENFONDANT

Backofen auf 180 °C Ober- und Unterhitze vorheizen. Schokolade fein hacken und in einer Schüssel im Wasserbad schmelzen. Unter stetem Rühren nach und nach die Butter und den Zucker zufügen. Rühren, bis die Butter geschmolzen ist und der Zucker sich aufgelöst hat. Mehl dazusieben, gut durchrühren, etwas auskühlen lassen und dann die Eier unterrühren und kräftig aufschlagen. Acht Souffléförmchen von etwa 7 cm Durchmesser ausbuttern und mit Schokoladenmasse etwa zur Hälfte füllen. Eine hohe Backform (evtl. Bräter oder eine grössere Gratinform) mit drei bis vier Lagen Zeitungspapier auslegen, die gefüllten Förmchen hineinstellen und mit Wasser bis zu deren Rand auffüllen. In diesem Wasserbad auf der untersten Rille im Backofen etwa 30 Minuten pochieren.

Etwas abstehen lassen und vor dem Servieren etwa 10 Minuten im auf 150 °C vorgeheizten Ofen aufwärmen.

VANILLEGLACE

Milch und Rahm mit den aufgeschnittenen Vanillestängeln aufkochen. Die Vanillestängel in das Milch-Rahm-Gemisch auskratzen und entfernen. Den Zucker und die Eigelbe in einer Schüssel verrühren und das Milch-Rahm-Gemisch dazugeben. In den Topf zurückgiessen und unter Rühren auf 85 °C erwärmen. Es sollten im Topf Rührspuren zu sehen sein, die einige Zeit stehen bleiben. Durch ein Haarsieb passieren und abkühlen lassen. In der Glacemaschine gefrieren.

VANILLESAUCE

Zucker und Eigelbe in einer Schüssel verrühren. Milch mit dem in die Milch ausgekratzten Vanillestängel aufkochen und kochend heiss zur Zucker-Eigelb-Mischung rühren. Alles in den Topf zurückgeben und unter stetem Rühren auf 85 °C erwärmen. Es sollten im Topf Rührspuren zu sehen sein, die einige Zeit stehen bleiben. Durch ein Haarsieb passieren und unter Rühren rasch abkühlen lassen.

KARAMELLKÖRBCHEN

Zucker mit dem Wasser zu einem Karamell kochen. Topf kurz im kalten Wasser abschrecken. Karamell muss eine sirupartige Konsistenz aufweisen. Karamell mittels Löffel in feinen Fäden über eine geölte Schöpfkelle spinnen. Erkalten lassen und ablösen.

ANRICHTEN

Das Schokoladenfondant aus der Form auf den Teller heben und mit etwas Puderzucker bestreuen. Es sollte in der Mitte weich sein. Die Vanillecreme darumherum geben. Karamellkörbchen neben das Schokoladenfondant legen und eine Kugel oder Nocke der Vanilleglace hineinlegen. Sofort servieren.

[REZEPT N° 14.01]

Tabouleh mit sautierten Riesencrevetten

(für vier Personen als Hauptmahlzeit, für zehn Personen als Vorspeise)

ZUTATEN

20	Crevetten, 12–15er-Kalibrierung* (ohne Kopf mit Schale)
1	Knoblauchzehe
-	Salz
	Pfeffer
200 g	Couscous
2 EL	Zitronensaft
3 EL	Olivenöl
1 Msp	Sambal Oelek oder Chili
1 Bund	Minze, fein gehackt
30 g	glatte Petersilie, fein gehackt
1 EL	weisser Essig
3	Tomaten, geschält, entkernt, in kleinen Würfeln
1 Bund	Rucola
	oder
2 Bund	Brunnenkresse

ZUBEREITUNG

Couscous im Wasser 2 Stunden einweichen und danach etwa 20 Minuten dämpfen (Sieb über Dampf, Bambus- oder Combisteamer, gemäss Gebrauchsanweisung des Herstellers), auskühlen lassen.

Crevetten schälen und Schwanzende dranlassen. Crevetten mit Salz und Pfeffer würzen und kurz in wenig Olivenöl braten, danach mit Zitronensaft und Knoblauch marinieren.

Couscous mit Zitronensaft, Olivenöl, Salz, Sambal Oelek oder Chili, Petersilie, Minze und Tomatenwürfeln vermischen und mit etwas Essig abschmecken.

ANRICHTEN

Etwas Rucola oder Brunnenkresse in die Teller geben, mit einem Löffel Tabouleh darauf anrichten und eine oder zwei Crevetten darauf absetzen.

MISE-EN-PLACE

Tabouleh kann einen halben Tag zum Voraus zubereitet werden. Zugedeckt leicht kühl stellen. Nicht in den Kühlschrank stellen!

*Crevetten sind kalibriert in Stück pro lbs = 414 g. Davon gibt es die Grössen: 7-9/9-12/12-15/15-18/18-21/21-25. Die Kalibrierung ist so auf der Verpackung vermerkt.

[REZEPT N° 14.02]

Grünerbsensüppchen mit Saucisson

(ergibt zehn Portionen)

ZUTATEN

200 g	Saucisson vaudois
50 g	Schalotten, fein gehackt
	Butter
400 g	Grünerbsen, tiefgekühlt
0,5 l	Gemüsebouillon
0,5 l	Vollrahm
0,2 l	Vollrahm, geschlagen
1 Bund	Minze

ZUBEREITUNG

In einem Topf Wasser aufkochen und die Waadtländer Wurst (Saucisson vaudois) hineingeben, etwa 20 Minuten leicht ziehen lassen. Unterdessen etwas Butter in einen Topf geben und die Schalotten darin andünsten. Die Grünerbsen und die Bouillon zufügen und aufkochen. Den Rahm dazugeben und die Erbsen ziemlich weich kochen (etwa 8 bis 10 Minuten). Im Mixer pürieren und durch ein Sieb zurück in den Topf passieren. Schlagrahm mit beigeben und mit dem Stabmixer aufmischen. Den gekochten Saucisson in Würfel und die Minze in feine Streifen schneiden. Beides als Einlage in die Suppentassen geben und die warme Suppe darübergiessen.

MISE-EN-PLACE

Dieses Gericht kann gut einen halben Tag im Voraus zubereitet und kurz vor dem Servieren angerichtet werden. In diesem Fall sollte der Schlagrahm kurz vor dem Servieren beigegeben und die Suppe dann aufgemischt werden.

[REZEPT N° 14.03]

Gebratenes Ceviche vom Reh mit Chutney von Stachys

(ergibt zehn Portionen)

ZUTATEN

300 g	Reh-Entrecôte
2	Limes, unbehandelt, abgeriebene Schale und Saft
1	Orange, unbehandelt, abgeriebene Schale und Saft
1 Msp	Sambal Oelek
	Salz
	Peffer, aus der Mühle
1 dl	Olivenöl

FÜR DAS CHUTNEY VON STACHYS

200 g	Zucker
2 dl	weisser Essig
200 g	Stachys
30 g	Schalotten, fein gehackt
10 g	frischer Ingwer
1 Prise	Zimt
	Olivenöl
	Salz
4 Spritzer	Tabasco

ZUBEREITUNG

Reh-Entrecôte in 3 mm dünne Scheiben schneiden und mit Limes und Orangen, Saft und Abrieb marinieren. Mit Sambal Oelek, Salz und Pfeffer würzen.

In einer Bratpfanne das Olivenöl erhitzen und die Reh-Medaillons ganz kurz auf beiden Seiten darin anziehen. Beiseitestellen und erkalten lassen.

CHUTNEY VON STACHYS

Den Zucker in einen Topf geben und langsam karamellisieren. Mit dem Essig ablöschen.

In einem Topf etwas Olivenöl erhitzen. Die Schalotten mit den Stachys anziehen und mit dem Essig-Karamell ablöschen. Weich schmoren und mit Zimt, Ingwer, Salz und Tabasco würzen.

ANRICHTEN

Die Reh-Medaillons mit dem Stachys-Chutney anrichten. Etwas Sauce des Chutneys über die Medaillons geben. Nach Belieben mit Kräutern und/oder Orangenzesten (dünnen Streifen unbehandelter Orangenschale) garnieren.

MISE-EN-PLACE

Dieses Gericht kann gut einen halben Tag im Voraus zubereitet und kurz vor dem Servieren angerichtet werden.

[REZEPT N° 14.04]

Geräucherte Entenbrust mit Apfel-Feigen-Salat

(ergibt zehn Portionen)

ZUTATEN

2	Entenbrust, geräuchert

FÜR DEN APFEL-FEIGEN-SALAT

3	Golden-Delicious-Äpfel
2	Feigen, getrocknet
2 cl	Zitronensaft
2 cl	Nussöl
	Salz
	Pfeffer, aus der Mühle
6	Feigen, frisch
200 g	Brunnenkresse

ZUBEREITUNG

Geräucherte Entenbrust bekommt man im Comestibles-Fachhandel. Die Entenbrust in feine Scheiben schneiden.

APFEL-FEIGEN-SALAT

Äpfel schälen und das Kerngehäuse entfernen. Die Äpfel und die getrockneten Feigen in Würfel von 4–5 mm Seitenlänge schneiden. Mit dem Nussöl, dem Zitronensaft, Salz und Pfeffer in einer Schüssel marinieren.

Die frischen Feigen in Spalten schneiden.

ANRICHTEN

Etwas Brunnenkresse auf einen Teller geben, etwas Salat darauf anrichten und mit 2 oder 3 Tranchen Entenbrust belegen. Mit einer Spalte der frischen Feige garnieren.

[REZEPT N° 14.05]

Peperonimousse mit Shiitake

(ergibt zehn Portionen)

ZUTATEN

200 g	Peperoni, rot
30 g	Schalotten, fein gehackt
	Olivenöl
160 g	Ketchup
100 g	Tomatenpüree
4 EL	Bouillon, frisch
	Salz
	Pfeffer, aus der Mühle
5–6	Spritzer Tabasco, rot
4 Blatt	Gelatine, eingeweicht
2 EL	Essig
3 dl	Vollrahm, geschlagen
0,5 dl	Olivenöl, extra vergine
400 g	Shiitake-Pilze
3 EL	Balsamicoessig
1 dl	Olivenöl, extra vergine
	Salz
	Pfeffer, aus der Mühle

ZUBEREITUNG

PEPERONIMOUSSE

Backofen auf 250 °C Oberhitze aufheizen. Peperoni halbieren, entkernen, flachdrücken, auf ein mit Backpapier belegtes Blech legen und im Ofen etwa 10 Minuten backen, bis die Haut Blasen wirft. Danach ein feuchtes Tuch über das Blech legen und sobald die Peperoni auf Zimmer Temperatur abgekühlt ist, die Haut abziehen.

Die Peperoni in grobe Stücke schneiden. Die Schalotten fein hacken und beides zusammen in einem Topf in etwas Olivenöl zugedeckt weich dünsten. Abkühlen lassen, zusammen mit Ketchup, dem Tomatenpüree und Bouillon im Mixer oder mit dem Stabmixer fein pürieren und mit Salz, Pfeffer und Tabasco würzen.

Die eingeweichte Gelatine ausdrücken, im Essig auflösen und unter die Peperoni-Tomaten-Masse ziehen.

Zum Schluss bei Raumtemperatur den Schlagrahm untermischen, in eine Schüssel abfüllen und im Kühlschrank mindestens 2 Stunden fest werden lassen.

SHIITAKE-PILZE

Den Strunk der Shiitake-Pilze entfernen und die Pilze feinblättrig schneiden. Im Olivenöl anbraten und auskühlen lassen. Mit einigen Tropfen Balsamico, Salz, Pfeffer und wenig Olivenöl abschmecken.

ANRICHTEN

Eine kleine Menge der Shiitake-Pilze auf einen Teller setzen. Aus der Peperonimousse mit einem Löffel Quenelles oder mit kleinstem Glacelöffel kleine Kugeln ausstechen und auf die Pilze anrichten.

Mit einem Filet getrockneter Tomaten, glattem Petersilienblättchen oder Ähnlichem nach Belieben garnieren.

[REZEPT N° 14.06]

Tacchino tonnato

(ergibt zehn Portionen)

ZUTATEN

400 g	Trutenbrust
150 g	Thunfisch, frisch oder aus der Dose (in Wasser)
	Olivenöl
50 g	Schalotten, fein geschnitten
5 dl	Bouillon (z. B. Gefügelbouillon)
2	Lorbeerblatt
3	Eigelb
2 dl	Olivenöl, extra vergine
3 EL	Essig, weiss
2 EL	Zitronensaft
	Salz
	Pfeffer, aus der Mühle
300 g	Zwiebeln, geschält und in feine Ringe geschnitten
50 g	Kapern

ZUBEREITUNG

Dieses Gericht lässt sich sowohl mit frischem Thunfisch, in Stücke geschnitten, als auch mit Thunfisch aus der Dose herstellen.

Die Trutenbrust mit Salz und Pfeffer würzen und im Olivenöl in einer Bratpfanne schwach anbraten. Aus der Pfanne nehmen und zur Seite stellen. Die Schalotten in den Bratsatz geben und schön glasig anziehen. Mit der Bouillon ablöschen, die Lorbeerblätter, den Thunfisch und die Trutenbrust dazugeben. Zugedeckt langsam simmern lassen, bis die Trutenbrust gar ist bzw. der Kerntemperaturmesser 68 °C erreicht hat. Die Brust herausnehmen und auskühlen lassen.

Den entstandenen Fond mit dem Stabmixer pürieren. Eigelbe in eine Schüssel geben und unter Rühren das Olivenöl einfliessen lassen. Den pürierten Fond unter stetem Mixen zum

Eigelb-Olivenöl einlaufen lassen, bis eine homogene, sämige Sauce entsteht. Mit Essig, Zitronensaft, Salz und Pfeffer abschmecken. Nach Belieben die Sauce mit etwas Crème fraîche verfeinern.

Die Trutenbrust auf der Aufschnittmaschine oder mit einem scharfen Messer fein aufschneiden.

ANRICHTEN
Teller mit Scheiben der Trutenbrust auslegen, mit der Sauce nappieren und mit den geschnittenen Zwiebelringen und Kapern garnieren.

[REZEPT N° 14.07]

Geräuchertes Lamm auf Gemüsesalat

(ergibt zehn Portionen)

ZUTATEN

250 g	geräuchertes Lamm-Entrecôte

FÜR DEN GEMÜSESALAT

2	Peperoni
2	Zucchetti, klein
2	Aubergine, klein
50 g	Schalotten, fein gehackt
2	Artischocken, durchschnittlich gross
2	Zitronenscheiben
1 dl	Olivenöl, extra vergine
5 EL	Balsamicoessig
1 EL	Zitronensaft
2	Knoblauchzehen, gehackt
	Salz
	Pfeffer, aus der Mühle

FÜR DIE GARNITUR

50 g	Zwiebelsprossen, z.B. Alfalfa

ZUBEREITUNG

Geräuchertes Lamm-Entrecôte kauft man bei guten Comestibles- bzw. Feinkost-Händlern.

GEMÜSESALAT

Peperoni halbieren und mitsamt der weissen Haut entkernen. Zucchetti und Auberginen längs in etwa 4 mm dicke Streifen schneiden. Auberginen leicht salzen und auf Haushaltpapier legen.

In einem genügend grossen Topf Salzwasser mit Zitronensaft aufkochen. Strunk der Artischocken wegschneiden und die Blätter auf ²/₃ Höhe abschneiden, eine Zitronenscheibe auf den Boden binden, ins Wasser geben und kochen, bis die Artischocken knackig gar sind. Anschliessend die Blätter einzeln wegbrechen und das Heu in der Mitte entfernen. Die Böden in kleine Würfel von 4 x 4 mm schneiden. Wenn die Zeit knapp ist, können im Notfall auch fertig gekochte Artischockenböden aus dem Glas verwendet werden.

Das restliche Gemüse Stück für Stück auf dem Grill oder in der Bratpfanne in wenig Olivenöl braten. Auskühlen lassen und ebenfalls in kleine Würfel von 4x4 mm schneiden.
Alle Gemüse in einer Schüssel mischen und mit Salz, Pfeffer, Balsamicoessig, Olivenöl und Knoblauch würzen.

ANRICHTEN
Einige Sprossen auf einen Teller geben, etwas Gemüsesalat daraufsetzen. Das Lamm leicht schräg entgegen der Faserung auftranchieren, auf den Gemüsesalat anrichten und mit Kräutern oder etwas Balsamicoglace, ebenfalls erhältlich beim Comestibles-Händler, garnieren. Einige der Artischockenblätter können als Garnitur verwendet werden.

[REZEPT N° 14.08]

Tomaten-Cassata

(ergibt zehn Portionen)

ZUTATEN

3	Zucchetti
3	Tomaten
1 dl	Olivenöl
30 g	Schalotten, fein gehackt
300 g	Tomaten (Pelati), aus der Dose ohne Saft, gehackt
	Salz
	Pfeffer, aus der Mühle
5 Blatt	Gelatine, eingeweicht
1	Knoblauchzehe, fein gehackt

FÜR DIE BASILIKUMSAUCE

10 Blätter	Basilikum
4 EL	Sauerrahm
2 EL	Mayonnaise, selbst gemachte oder fertig aus der Tube
	Salz
	Pfeffer, aus der Mühle

ZUBEREITUNG

Zucchetti mit der Aufschnittmaschine, der Gemüseraffel oder einem scharfen Messer längs in feine, etwa 2 mm dicke Streifen schneiden. Die schönen Teile, ausreichend um eine Terrinenform auszulegen, kurz im Salzwasser blanchieren, den Rest in ganz kleine Würfel schneiden. Eine Terrinenform mit Klarsichtfolie auskleiden und mit den Zucchettistreifen quer auslegen. Den frischen Tomaten den Strunk entfernen und auf der gegenüberliegenden Seite die Haut kreuzförmig einritzen. In einem Topf Wasser erhitzen, vom Herd nehmen und die Tomaten etwa eine Minute in den Topf legen. Dann unter kaltem Wasser abschrecken. Die Tomaten enthäuten, aufschneiden, entkernen und in kleine Würfel schneiden. In einem Topf wenig Olivenöl erhitzen, die Schalotten anziehen und die gehackten Pelati ohne Saft dazugeben, etwa 3–4 Minuten einkochen lassen. Die Zucchettiwürfel und die frischen Tomatenwürfel dazugeben und etwa 2 Minuten ziehen lassen.

Die eingeweichte Gelatine unter die Masse ziehen, mit Salz und Pfeffer abschmecken und noch bei Raumtemperatur in die Form einfüllen und mit den Zucchettistreifen einschlagen. Mit Klarsichtfolie abdecken und im Kühlschrank 3–4 Stunden auskühlen lassen, bis die Masse schnittfest ist.

BASILIKUMSAUCE
Basilikum in feine Streifen schneiden, in eine Schüssel geben, den Sauerrahm und die Mayonnaise dazugeben und gut mischen. Mit Salz und Pfeffer abschmecken.

ANRICHTEN
Die Tomaten-Cassata vorsichtig aufschneiden und für kleine Portionen vierteln. Etwas Basilikumsauce in kleine Schälchen oder Tellerchen geben und eine Tranche Cassata darauf anrichten.

[REZEPT N° 14.09]

Auberginen-Creamcheese-Röllchen mit Rucola

(ergibt zehn Portionen)

ZUTATEN

2	Auberginen
1 dl	Olivenöl
250 g	Philadelphia-Creamcheese
1 Bund	Rucola, gehackt
	Salz
	Pfeffer, aus der Mühle

ZUBEREITUNG

Auberginen längs in 2 mm dicke Tranchen schneiden, mit Salz und Pfeffer würzen. Das Olivenöl in einer Pfanne erhitzen und die Auberginen anbraten, danach auf Haushaltpapier abstehen lassen. Philadelphia mit dem Schneebesen aufschwingen. Den Rucola, Salz und Pfeffer beigeben und gut mischen. Auf den ersten Viertel jeder Auberginentranche etwas Creamcheese-Mix (Dicke und halbe Länge des kleinen Fingers) geben und einrollen. Im Kühlschrank eine Stunde ruhen lassen.

ANRICHTEN

Die Auberginenröllchen mit einem scharfen Messer quer halbieren. Etwas Rucola in kleine Schälchen geben und eine Hälfte des Röllchens liegend und eine stehend anrichten.

[REZEPT N° 14.10]

Gemüsekugeln mit Pumpernickel auf Tsatsiki

(ergibt zehn Portionen)

ZUTATEN

100 g	Gemüse, (Karotten, Sellerie, Lauch) in kleinen Würfeln
150 g	Cantadou
150 g	Philadelphia
30 g	Paniermehl
20 g	Parmesan, gerieben
200 g	Pumpernickel

FÜR DAS TSATSIKI

3	Gurken, durchschnittliche Grösse
180 g	Crème fraîche
1	Knoblauchzehe, fein gehackt oder gepresst
	Salz
	Pfeffer, aus der Mühle

ZUBEREITUNG

Gemüsewürfel kurz blanchieren und abtropfen lassen. Cantadou und Philadelphia zusammen aufschlagen und mit dem Gemüse vermischen. Paniermehl und Parmesan unterziehen. Die Masse im Kühlschrank 1/2 Stunde abstehen lassen. Pumpernickel im Cutter fein hacken. Danach aus der Käse-Gemüse-Masse etwa 20–25 g schwere Kugeln rollen und diese im Pumpernickel drehen.

TSATSIKI

Gurken schälen, halbieren und den wässrigen Kern mit einem Löffel auskratzen. Gurke auf der Röstiraffel reiben, salzen und in ein Sieb geben. Mit einem Gewicht beschweren, bis aller Saft ausgetreten ist. Mit Crème fraîche oder allenfalls Joghurt und dem Knoblauch mischen und mit Salz und Pfeffer abschmecken.

ANRICHTEN

Etwas Tsatsiki in kleine Förmchen, Gläser, Löffel usw. anrichten und eine Gemüsepraline daraufsetzen. Mit Dill, glatter Petersilie oder Koriander garnieren.

[REZEPT N° 14.11]

Oliven-Kartoffel-Tortilla

(ergibt zehn Portionen)

ZUTATEN

500 g	Kartoffeln, festkochende (geschält)
120 g	Zwiebeln, geschält
35 g	Butter
35 g	Olivenöl
40 g	schwarze Oliven, entsteint
6–7	Eier
	Salz
	Pfeffer, aus der Mühle

FÜR DIE KÄSESAUCE

100 g	Käsereste (Tilsiter, Frischkäse u. Ä.)
2 dl	Milch, lauwarm
1 TL	Paprika
	Salz
	Pfeffer, aus der Mühle
½	Knoblauchzehe

ZUBEREITUNG

Backofen auf 180 °C Ober- und Unterhitze aufheizen. Kartoffeln, Zwiebeln und Oliven in dünne Scheiben schneiden. In einer hohen Bratpfanne (mit feuerfestem Stiel!) Butter und Olivenöl erhitzen und die Zwiebeln darin anziehen. Die Kartoffeln mit den geschnittenen Oliven in die Pfanne hinzugeben und wenden. Die Eier in eine Schüssel aufschlagen und mit Salz und Pfeffer würzen. Die Eier in die Pfanne leeren, bis die Kartoffeln gut bedeckt sind. Alles nochmals gut durchrühren.

Die ganze Pfanne auf der mittleren Rille in den Ofen stellen und 20 Minuten backen, bis die Kartoffeln gar sind und die Masse fest ist. Herausnehmen, auskühlen lassen und in Würfel schneiden (3 x 3 cm).

KÄSESAUCE

Den Käse im Mixer mit der lauwarmen Milch mixen, bis eine homogene Sauce entsteht. Mit Paprika, Salz und Pfeffer würzen und mit etwas Knoblauch abschmecken.

ANRICHTEN

Etwas Käsesauce in Schälchen, Plättchen oder Tellerchen geben und einen Würfel Tortilla darauf anrichten. Nach Belieben mit Petersilie, Sprossen o. Ä. garnieren.

[REZEPT N° 14.12]

Tandoori Chicken auf Minzejoghurt

(ergibt zehn Portionen)

ZUTATEN

4	Pouletbrust
2 EL	Tandoori-Gewürz, Pulver oder Paste
0,5 dl	Zitronensaft, frisch
500 g	Joghurt nature
	Salz
	Pfeffer, aus der Mühle

FÜR DAS MINZEJOGHURT

180 g	Joghurt nature
10 Blätter	Minze, fein geschnitten
	Salz
	Pfeffer, aus der Mühle
1	Knoblauchzehe, fein gehackt oder gepresst
	Sprossen nach Belieben

ZUBEREITUNG

Pouletbrust von allen eventuellen Sehnen und Häutchen befreien und leicht salzen. Tandoori-Pulver in einer Schüssel (wenn Paste verwendet wird, nicht nötig) mit wenig Wasser und dem Zitronensaft mischen. Den Joghurt beimischen und die Pouletbrust darin etwa 12 Std. einlegen. Die Pouletbrust aus der Marinade nehmen und entweder im Steamer bei 100 °C etwa 15–20 Minuten garen oder in Backfolie eingewickelt im Backofen bei 150 °C Ober- und Unterhitze auf der mittleren Rille langsam garen. Bei 70 °C Kerntemperatur ist die Pouletbrust gar und kann zum Abkühlen herausgenommen werden. Eventuell ausgetretenes Eiweiss (weisser Schaum) und überflüssige Marinade entfernen. Die Marinade wegschütten.

MINZEJOGHURT

Den Joghurt mit der Minze mischen und mit Salz, Pfeffer und nach Belieben mit Knoblauch würzen.

ANRICHTEN

Die Pouletbrust gegen die Faser in feine Scheiben schneiden. Etwas Minzejoghurt auf kleine Tellerchen, Plättchen oder gar auf Pumpernickelscheiben geben. Darauf einige Sprossen und zwei Tranchen Poulet anrichten. Nach Belieben mit Minze garnieren.

[REZEPT N° 14.13]

Gravlakswürfel auf Wasabi-Senf-Sauce

(ergibt zehn Portionen)

ZUTATEN

400 g	Frischlachs/Salm
50 g	Zucker
50 g	Salz
1 TL	grober Pfeffer
2 Bund	Dill, gehackt
2 cl	Sherry

FÜR DIE SENFSAUCE

1 TL	Wasabipulver
3 EL	Senf
1 EL	Honig, flüssig
2 cl	Sojasauce
1 dl	Wasser

ZUBEREITUNG

Frischen Lachs oder Salm ohne Haut verwenden. Eventuelle braune Teile an der Unterseite mit einem scharfen Messer wegschneiden. Salz und Zucker mischen. Den Fisch in ein Glasgeschirr legen, von allen Seiten mit der Salz-Zucker-Mischung, Pfeffer und etwas Dill bestreuen und andrücken. Mit etwas Sherry beträufeln und nochmals mit gehacktem Dill bestreuen. Den Lachs zugedeckt im Kühlschrank 24 Stunden in der Marinade belassen. Nach 12 Stunden einmal wenden. Den Lachs aus dem Gefäss nehmen und mit Haushaltpapier überschüssige Salz-Zucker-Mischung abtupfen.

SENFSAUCE

In einer Schüssel alle Zutaten gut miteinander vermischen.

ANRICHTEN

Den Lachs in Würfel oder feine Tranchen schneiden, auf einen Teller anrichten und etwas Sauce danebengeben oder in einem separaten Geschirr anrichten. Lachs mit etwas Dill garnieren.

[REZEPT N° 14.14]

Roastbeef-Röllchen mit Zwiebelconfit

(ergibt zehn Portionen)

ZUTATEN

400–500 g	Entrecôte am Stück, dressiert (d.h. vom Metzger alle Häutchen usw. entfernen lassen)
1 dl	Olivenöl
	Salz
	Pfeffer, aus der Mühle

FÜR DAS ZWIEBELCONFIT

500 g	Zwiebeln, gehackt
1 dl	Olivenöl
1 dl	Weisswein
1 dl	Balsamicoessig
300 g	Zucker
2 dl	Rotweinessig
2 dl	Bouillon
	Salz
	Pfeffer, aus der Mühle

ZUBEREITUNG

Backofen auf 180 °C Ober- und Unterhitze aufheizen. Entrecôte mit Salz und Pfeffer würzen und in einer Bratpfanne auf dem Herd anbraten. In einen Bräter etwas Olivenöl und das Entrecôte geben und auf der mittleren Rille in den Ofen schieben. Fertig braten, bis es rosé ist (56 °C Kerntemperatur), dann herausnehmen und abstehen lassen.

ZWIEBELCONFIT

In einem Topf das Olivenöl erhitzen und die Zwiebeln langsam anziehen. Mit dem Weisswein und dem Balsamicoessig ablöschen. In einem separaten Topf den Zucker karamellisieren und mit dem Rotweinessig ablöschen. Die Zwiebeln dazugeben und mit der Bouillon auffüllen, bis sie knapp bedeckt sind. Zugedeckt auf niedriger bis mittlerer Stufe eine Stunde schmoren und anschliessend auskühlen lassen.

ANRICHTEN

Das Roastbeef mit der Aufschnittmaschine oder einem scharfen Messer in dünne Scheiben schneiden. Auf die einzelnen Tranchen etwas Zwiebelconfit geben und einrollen. Nach Belieben garnieren.

[REZEPT N° 14.15]

Zwetschgentörtchen

(ergibt zehn Stück)

ZUTATEN

6	Eigelb
100 g	Zucker
80 g	Mehl
100 g	Maizena
1 Brief	Backpulver
4	Eiweiss
2 g	Salz
40 g	Butter
300 g	Zwetschgen
40 g	Paniermehl, selbst hergestellt oder vom Bäcker
30 g	Butter

ZUBEREITUNG

Den Backofen auf 180 °C Ober- und Unterhitze aufheizen. Eigelbe und $^{2}/_{3}$ des Zuckers zusammen in einer Schüssel im warmen Wasserbad aufschlagen. Danach die Schüssel herausnehmen und die Masse weiterschlagen, bis sie erkaltet ist. Mehl, Maizena und Backpulver vermischen. Eiweiss mit dem restlichen Drittel des Zuckers steif schlagen. Nun abwechslungsweise Eiweiss und Mehlmischung unter die Eigelbe melieren. Die Zwetschgen entsteinen, mit der Haut in kleine 5 mm grosse Würfel schneiden und unter die Masse geben.

Backförmchen aus Aluminium, Silikon oder Ramequins ausbuttern und mit Paniermehl ausstreuen. Die Zwetschgen-Biskuit-Masse einfüllen und etwa 15 Minuten auf der mittleren Rille backen. Auf ein Gitter stürzen und auskühlen lassen.

ANRICHTEN

Zwetschgentörtchen nach Belieben mit frischem Schlagrahm servieren.

[REZEPT N° 14.16]

Pistazienmousse

(ergibt vier Portionen)

ZUTATEN

3	Eier
4 EL	Puderzucker
1 Paket	Vanillezucker
1 EL	Limessaft
200 g	weisse Kuvertüre oder weisse Toblerone
3 Blatt	Gelatine
1 EL	Kirsch
100 g	Pistazienkerne, geschält
2,5 dl	Vollrahm

ZUBEREITUNG

Eier, Puder- und Vanillezucker zusammen mit dem Limessaft in einer Schüssel im warmen Wasserbad cremig schlagen. Herausnehmen und weiterschlagen, bis die Masse kalt ist. Die Kuvertüre in einer Schüssel im warmen Wasserbad flüssig werden lassen und unter die Eier schlagen. Die Gelatine im kalten Wasser einweichen, abschütten, danach mit dem Kirsch in einen Topf geben und auf kleinem Feuer auflösen. 20 g der Pistazien grob von Hand hacken. Den Rest im Cutter fein hacken und zusammen mit der aufgelösten Gelatine unter die Ei-Zucker-Masse schlagen. Den Rahm steif schlagen und mit den grob gehackten Pistazienkernen unter die Masse heben. Im Kühlschrank auskühlen lassen.

ANRICHTEN

Nocken abstechen, auf 4 Teller verteilen und z. B. mit Minze dekorieren.

[REZEPT N° 15.01]

Nüsslisalat mit Baumnüssen an Dressing aus weissem Mohnöl

ZUTATEN

150 g	Nüsslisalat
100 g	Baumnusskerne
1	Limone, nur Saft
½ dl	Sonnenblumenöl, kalt gepresst
½ dl	weisses Mohnöl
2 TL	Akazienhonig
	Salz
	Pfeffer

ZUBEREITUNG

Nüsslisalat putzen und waschen, gut abtropfen lassen.

DRESSING

Sonnenblumen- und Mohnöl, Saft der Limone und Akazienhonig mischen, mit Salz und Pfeffer abschmecken.

ANRICHTEN

Den Salat auf vier Tellern verteilen, Nusskerne darübergeben und vor dem Servieren mit dem Dressing beträufeln.

[REZEPT N° 15.02]

Pilztöpfchen

ZUTATEN

250 g	Pilze nach Wahl
100 g	Butter
2 TL	Mehl
4 dl	Vollrahm
	Kräutermeersalz
	Pfeffer, aus der Mühle

ZUBEREITUNG

Pilze putzen und in etwa 1 cm grosse Stücke schneiden. 50 g der Butter in einer Bratpfanne schmelzen und Pilze darin nur kurz beidseitig anbraten. Aus der Pfanne nehmen und warm stellen. Restliche Butter und Mehl in die Pfanne geben und unter Rühren hellbraun werden lassen. Mit etwas Wasser ablöschen, Rahm einrühren und kurz aufkochen lassen. Mit Salz und Pfeffer abschmecken. Die Pilze wieder beigeben und nur warm werden lassen. Sofort in vier kleinen Kaffeetassen servieren.

[REZEPT N° 15.03]

Basilikumnudeln mit Zitrone, Knoblauch, Chili und Rucola

ZUTATEN

FÜR DIE NUDELN

300 g	Zentrofan-Weizenvollkornmehl
1	Ei
6	Eigelb
1 EL	Sonnenblumenöl, kalt gepresst
½ TL	Meersalz
1–2 EL	Wasser nach Bedarf
	kleine Basilikumblättchen

FÜR DIE SAUCE

3–4 EL	Olivenöl, extra vergine
2	Knoblauchzehen, gepresst
4 EL	Babykapern
1–2	frische rote Chilischoten, entkernt, in Streifen geschnitten
2 TL	fein abgeriebene Zitronenschale
3 EL	Zitronensaft
60 g	Rucola, grob gehackt
80 g	Parmesan, gehobelt
	schwarzer Pfeffer, aus der Mühle

ZUBEREITUNG

NUDELN

Alle angegebenen Zutaten, ohne die Basilikumblättchen, mischen und zu einem Teig kneten. In Haushaltfolie gewickelt eine Stunde im Kühlschrank ruhen lassen. Die Hälfte des Teigs quadratisch sehr dünn auswallen. Wiederum die Hälfte des ausgewallten Teigs mit Basilikumblättchen belegen, die freie Seite darüberlegen. Mit dem Wallholz mehrmals darüberrollen, bis der Teig gut aufeinanderklebt und wieder dünn ist.
So auch mit der anderen Teighälfte verfahren. In Nudeln von gewünschter Breite schneiden und diese etwas antrocknen lassen. Danach die Nudeln in kochendem Salzwasser bissfest kochen und durch ein Sieb abtropfen lassen.

SAUCE

Unterdessen Olivenöl in einem weiten Topf erhitzen, Knoblauch und Kapern zufügen und etwa eine Minute dünsten. Chili, Zitronenschale und Zitronensaft zugeben und etwa eine Minute mitgaren.

Nudeln sofort nach dem Abtropfen mit Rucola und Parmesan zum Knoblauchöl geben und gut mischen. Vor dem Servieren die Nudeln mit dem Pfeffer würzen.

MISE-EN-PLACE

Man kann selbst gemachte Nudeln sofort kochen oder sie mit einem feuchten Küchentuch zudecken, so bleiben sie 3–4 Stunden frisch. Zwischen die einzelnen Lagen etwas Streumehl geben, damit sie nicht aneinanderkleben! Nudeln können zum Trocknen z. B. während drei bis vier Stunden über eine Stuhllehne gehängt werden. In einem Behälter luftdicht verschlossen sind sie danach mindestens 2 Monate haltbar.

Dinkeltortelloni mit Ricotta-Kräuterfüllung an Tomatensauce

ZUTATEN

FÜR DIE TORTELLONI

(für etwa 80 Stück)

300 g	Zentrofan-Dinkelvollkornmehl
1	Ei
2	Eigelb
1 TL	Meersalz
4–5 EL	Wasser
1	Eiweiss, zum Bestreichen

FÜR DIE FÜLLUNG

100 g	Ricotta
50 g	Gorgonzola
1	Eigelb
50 g	Parmesan oder Pecorino, gerieben
1–2 EL	Basilikum, gehackt
1 EL	Petersilie, gehackt
1 TL	Thymianblättchen
1 TL	Oreganoblättchen
	Salz
	Pfeffer, aus der Mühle

FÜR DIE SAUCE

500 g	Tomaten
1 EL	Olivenöl
1	Frühlingszwiebel, fein gehackt
1	Knoblauchzehe, gepresst
2 EL	Tomatenmark
1 dl	Wasser
2 TL	Akazienhonig
	Frische Kräuter: Thymian, Basilikum, Oregano und Petersilie
	Kräutermeersalz
	schwarzer Pfeffer, aus der Mühle
	Tabasco

ZUBEREITUNG

TEIG

Mehl, Ei und Eigelbe mit Salz und Wasser zu einem geschmeidigen Pastateig kneten, in Haushaltfolie wickeln und mindestens eine Stunde im Kühlschrank ruhen lassen.

FÜLLUNG

Ricotta, Gorgonzola und Eigelb verrühren. Restlichen Käse und Kräuter untermischen und mit Salz und Pfeffer pikant abschmecken.

FORMEN DER TORTELLONI

Den Pastateig mit dem Nudelholz sehr dünn ausrollen. Rondellen von 5 cm Durchmesser ausstechen und die Ränder mit Eiweiss bestreichen. Auf jedes Rondell eine kleine Menge der Füllung setzen. Die runden Teigplätzchen einmal quer zusammenfalten und dabei die Ränder der Tortelloni, evtl. mit Hilfe einer Gabel, gut festdrücken, damit später kein kochendes Wasser eintritt. Die Tortelloni bis zur Weiterverarbeitung auf ein Backtrennpapier legen und mit Klarsichtfolie abdecken.

SAUCE

Tomaten und Frühlingszwiebel klein schneiden. Olivenöl in einem Topf erhitzen, Zwiebel und Knoblauch darin anschwitzen. Tomatenmark beigeben und ebenfalls leicht anschwitzen. Tomaten, Wasser und Kräuter beigeben und die Sauce etwa 20 Minuten leise köcheln lassen. Dann die Sauce durch ein feines Sieb passieren, kräftig würzen und warm halten.

ZUM ANRICHTEN

3 EL	Butter
	nach Belieben:
100 g	schwarze Oliven
	frisch gehobelter Parmesan oder Pecorino
1 EL	Basilikumblätter, gehackt

Reichlich Salzwasser zum Kochen bringen und die Tortelloni darin etwa 8 Minuten ziehen lassen. Abgiessen und gut abtropfen lassen. Butter in einem Topf schmelzen und die Tortelloni darin kurz durchschwenken.

ANRICHTEN

Mit der Tomatensauce und den Oliven auf Teller anrichten und mit gehobeltem Parmesan oder Pecorino und gehacktem Basilikum bestreuen.

MISE-EN-PLACE

Die fertigen Tortelloni können etwa 3–4 Stunden im Kühlschrank aufbewahrt werden. Jede Schicht grosszügig mit Streumehl bestreuen.

[REZEPT N° 15.05]

Orangensalat mit Datteln und Krokant

ZUTATEN

6	Blondorangen
100 g	Haselnüsse
2 EL	Akazienhonig
8	Medjool-Datteln
2,5 dl	Vollrahm, steif geschlagen
	Grand-Marnier

ZUBEREITUNG

Die Orangen mit einem Messer von der Schale und der weissen Haut befreien und in Scheiben schneiden. Datteln entkernen und in Achtel schneiden. Orangen und Datteln in einer Schüssel mischen und mit Grand-Marnier marinieren.

KROKANT

Unterdessen die Haselnüsse auf einem Blech im Ofen bei 200 °C rösten, bis sie duften und leicht gebräunt sind, dann herausnehmen und in einem Tuch abreiben, um sie zu schälen. In einem Topf erst den Honig karamellisieren, dann die Haselnüsse beigeben und umrühren, bis alle Nüsse mit Honig überzogen sind. Dann auf ein Backpapier geben und abkühlen lassen. Nüsse in einen Plastiksack füllen, gut verschliessen und mit dem Nudelholz zu Krokant zerkleinern.

ANRICHTEN

Den Orangensalat auf die Teller geben, mit geschlagenem Rahm garnieren und mit Krokant bestreuen.

MISE-EN-PLACE

Krokant kann einen halben Tag früher zurbereitet werden. Trocken und kühl aufbewahren. Achtung, nicht dicht verschliessen, sonst werden die Haselnüsse weich.

[REZEPT N°.16.01]

Chinese Shrimpsoup

(ergibt zehn Portionen)

ZUTATEN

200 g	Crevetten, geschält
2 EL	Zitronensaft
1 l	Hühnerbouillon
½ TL	Chili oder Sambal
2 EL	Essig
30 g	Zucker
3 EL	Sojasauce
	evtl. Maizena Express
200 g	Tomaten
50 g	Spinatblätter oder Pak Choy
100 g	Frühlingszwiebeln
100 g	Shiitake- oder Mu-Err-Pilze, in feine Streifen geschnitten
1 Bund	Koriander

ZUBEREITUNG

Crevetten mit dem Zitronensaft marinieren. Die Hühnerbouillon mit Chili oder Sambal aufkochen und mit dem Essig, dem Zucker und der Sojasauce abschmecken. Den frischen Tomaten den Strunk entfernen und auf der gegenüberliegenden Seite die Haut kreuzförmig einritzen. In einem Topf Wasser erhitzen, vom Herd nehmen und die Tomaten etwa 4 Sekunden in den Topf legen. Dann unter kaltem Wasser abschrecken. Die Tomaten enthäuten, aufschneiden, entkernen und in kleine Würfel schneiden. Spinat oder Pak Choy waschen und in kleine Stücke zupfen. Die Frühlingszwiebeln mit dem Grün schräg in feine Ringe schneiden. In einem Wok oder einem weiten Topf etwas Öl erhitzen und darin die Zwiebeln, das Gemüse und die Pilze unter ständigem Aufmischen mit zwei Kellen etwa 2 Minuten dämpfen. Die Suppe zugeben und einige Minuten ziehen lassen. Abschmecken und nach Belieben mit etwas Maizena Express binden. Die Crevetten beigeben und etwas ziehen lassen. Den frisch gehackten Koriander darüberstreuen und servieren.

AUFBEWAHREN

Diese Suppe kann ohne die Crevetten und ohne den frischen Koriander tiefgekühlt werden. Sie ist somit etwa 6 Monate haltbar.

[REZEPT N° 16.02]

Randensuppe

ZUTATEN

1 EL	Butter
1	Schalotte
1 cm	Ingwer, frisch gerieben
2 EL	Noilly Prat (franz. Wermut)
1 dl	trockener Weisswein
350 g	gedämpfte Randen
5 dl	Hühnerbouillon
2 dl	Vollrahm
	Kräutersalz
	Pfeffer, aus der Mühle
	nach Belieben Stärkemehl

ZUBEREITUNG

Schalotte und Ingwer in Butter glasig dünsten. Mit Noilly Prat ablöschen und einkochen lassen. Weisswein beigeben und 2 Minuten erneut einkochen. Randen in kleine Würfel schneiden und zusammen mit der Hühnerbouillon zugeben. Nach etwa 12 Minuten die Suppe fein pürieren und durch ein Sieb streichen. Nach Belieben mit etwas Stärkemehl binden. Rahm beigeben und mit den Gewürzen abschmecken.

AUFBEWAHREN

Die Randensuppe kann ohne das Stärkemehl und den Vollrahm tiefgekühlt werden und bleibt so etwa 6 Monate haltbar.

[REZEPT N° 16.03]

Kürbiscremesuppe

ZUTATEN

1 TL	Butter
1	Schalotte, gehackt
2 TL	gemahlener Koriander
3 EL	Noilly Prat (franz. Wermut)
1 dl	trockener Weisswein
700 g	Kürbis, gelb
5 dl	Hühnerbouillon
	Curry
	Pfeffer, aus der Mühle
1 TL	scharfes Peperoncino-Öl
	Crème fraîche
	frische Petersilie
1 Handvoll	Kürbiskerne, geröstet

ZUBEREITUNG

Schalotte und Koriander in der Butter kurz glasig dünsten. Mit Noilly Prat ablöschen und einkochen. Weisswein beigeben und 2 Minuten kochen lassen. Kürbis in kleine Würfel schneiden und beifügen. Hühnerbouillon dazugeben und den Kürbis weich kochen. Anschliessend pürieren. Mit den Gewürzen pikant abschmecken, evtl. nochmals kurz aufkochen. Crème fraîche daruntermischen und in Suppentassen anrichten. Mit fein geschnittener Petersilie und gerösteten Kürbiskernen bestreuen.

AUFBEWAHREN

Die Kürbiscreme kann ohne die Crème fraîche, die Petersilie und die Kürbiskerne tiefgekühlt werden und ist so etwa sechs Monate haltbar.

[REZEPT N° 16.04]

Klare Ochsenschwanzsuppe mit Einlage

(etwa 10 Portionen)

ZUTATEN

25 g	Erdnussöl
600 g	Ochsenschwanz, in Scheiben geschnitten
90 g	Gemüsewürfel, grob geschnitten (Karotten, Sellerie, Lauch und Zwiebeln)
1 EL	Tomatenpüree
1 dl	Rotwein
2,5 l	Rindsbouillon
	Salz
	Pfeffer
	evtl. Cognac

FÜR DIE KLARIFIKATION

250 g	gehacktes Kuh- und/oder Rindfleisch
100 g	Gemüse, in kleinen Würfeln (Karotten, Sellerie, Lauch, Schalotten)
1,2 dl	Eiswasser
1	Eiweiss

FÜR DIE EINLAGE

100 g	Gemüse, in kleinen Würfeln (Karotten, Sellerie und Lauch)

ZUBEREITUNG

Ofen auf 200 °C Ober- und Unterhitze heizen. Ochsenschwanzstücke in einen Bräter geben und im Ofen auf der mittleren Rille allseitig anrösten. Gemüsewürfel dazugeben und mitrösten. Tomatenpüree beigeben und braun rösten. Mit dem Rotwein ablöschen und einkochen. Alles in einen hohen Topf umgiessen und mit der Rindsbouillon auffüllen, etwa 3 Stunden leicht sieden lassen, bis das Ochsenschwanzfleisch weich ist. Ochsenschwanz herausnehmen. Fond durch ein Passiertuch absieben und abkühlen. Statt eines Passiertuchs dient auch eine Stoffwindel, eingelegt in ein dünnmaschiges Sieb. Ochsenschwanzfleisch vom Knochen lösen, Fett wegschneiden, in etwa 5 mm grosse Würfel schneiden und für die Einlage beiseitelegen.

KLARIFIKATION

Unterdessen Zutaten für die Klarifikation schnell und gut miteinander vermischen und etwa eine Stunde in den Kühlschrank stellen.

SUPPE KLARIFIZIEREN

Kalten Fond mit der Klarifikation mischen und langsam aufkōcheln, etwa 30 Minuten ziehen lassen, ohne zu kochen. Danach durch ein Passiertuch (oder s.o.) absieben und mit einer Suppenkelle das Fett auf der Oberfläche der klaren Suppe abschöpfen. Mit Wasser auf 1,5 l auffüllen und mit den Gewürzen abschmecken. Nach Belieben mit Cognac parfümieren.

EINLAGE

Gemüsewürfel nur kurz in kochendem Salzwasser blanchieren und danach in Eiswasser abschrecken, damit sie knackig bleiben. Mit den Ochsenschwanzwürfeln in die Suppentassen geben.

AUFBEWAHREN

Die Ochsenschwanzsuppe und die Einlage können getrennt voneinander tiefgekühlt werden und sind etwa 6 Monate haltbar.

[REZEPT N° 16.05]

Cremesuppe von roten Linsen mit Wachtelbrüstchen und Wachtelei

ZUTATEN

100 g	rote Linsen
50 g	Gemüse, in kleinen Würfeln (Karotten, Sellerie und weisser Lauch)
½ EL	Olivenöl
5 dl	Geflügelbouillon
3–4 EL	Schlagrahm
4	Wachtelbrüstchen
4	Wachteleier
	Salz
	Pfeffer, aus der Mühle

ZUBEREITUNG

Rote Linsen über Nacht im Wasser einweichen. Wasser wegschütten. Gemüse in einer Pfanne im Olivenöl andünsten, Linsen dazugeben und kurz mitdünsten. Mit der Geflügelbouillon auffüllen und etwa 15 Minuten weich kochen. Mixen, durch ein Sieb passieren und mit den Gewürzen abschmecken. Vor dem Servieren den Schlagrahm darunterrühren.

Wachtelbrüstchen mit Salz und Pfeffer würzen und beidseitig in einer Bratpfanne mit dem Olivenöl knusprig braten. Wachteleier mit spitzem Messer einschneiden und in die Bratpfanne gleiten lassen und braten, leicht mit Salz und Pfeffer würzen.

ANRICHTEN

Die Suppe in einen flachen Suppenteller geben, je ein Wachtelbrüstchen und ein Wachtelei darauflegen.

AUFBEWAHREN

Die Linsencremesuppe kann ohne den Schlagrahm und ohne die Wachtelbrüstchen und Wachteleier tiefgekühlt werden. Sie ist somit etwa 6 Monate haltbar.

[REZEPT N° 16.06]

Curry-Kokos-Suppe

(ergibt zehn Portionen)

ZUTATEN

200 g	Tomaten
2 EL	Sesamöl
1	Knoblauchzehe
2 EL	Zitronensaft
5 dl	Kokosmilch
3 dl	Rahm
5 dl	Hühnerbouillon
2 EL	Sojasauce
1 TL	Curry
1 Msp	Kardamom
2 Msp	Sambal Oelek
50 g	Zucker
2 Msp	Ingwerpulver
150 g	Gemüse (Karotten, Sellerie, Lauch), in kleinen Würfeln

FÜR DIE HACKFLEISCHBÄLLCHEN

500 g	Rindshackfleisch, fein
50 g	Zwiebeln, fein gehackt
20 g	Petersilie
2 Msp	Chili, gehackt
20 g	Paniermehl
3	Eier
	Salz
	Pfeffer, aus der Mühle
	Kokosraspeln (nach Belieben)

ZUBEREITUNG

Den frischen Tomaten den Strunk entfernen und auf der gegenüberliegenden Seite die Haut kreuzförmig einritzen. In einem Topf Wasser erhitzen, vom Herd nehmen und die Tomaten etwa eine Minute in den Topf legen. Dann unter kaltem Wasser abschrecken. Die Tomaten enthäuten, aufschneiden, entkernen und in kleine Würfel schneiden. Die Tomaten in etwas Öl andünsten, mit gehacktem Knoblauch würzen. Rahm, Zitronensaft, Hühnerbouillon und Kokosmilch dazugeben und mit den Gewürzen, dem Zucker und der Sojasauce abschmecken. Alles gut mixen und durch ein Sieb passieren. Das Gemüse separat dünsten und dazugeben.

HACKFLEISCHBÄLLCHEN

Das Hackfleisch und die anderen Zutaten gut vermischen und daraus kleine Fleischbällchen formen. In einer Bratpfanne etwas Öl erhitzen und die Bällchen darin braten. Als Einlage in die Suppentassen geben. Die Suppe darübergeben und mit Kokosraspeln garnieren.

AUFBEWAHREN

Diese Suppe kann ohne die Fleischbällchen tiefgekühlt werden und ist somit etwa 6 Monate haltbar.

kg	Kilogramm
g	Gramm
l	Liter
dl	Deziliter = 10 cl = 100 g
cl	Centiliter = 10 g
Tr.	Tranche
EL	Esslöffel, gestrichen = 10–15 g, gehäuft = 20–30 g
TL	Teelöffel, gestrichen = 3–7 g, gehäuft = 5–11 g
Msp	Messerspitze = 1–2 g
Prise	1 g
Schnapsglas	2 cl = 20 g, 4 cl = 40 g
Tasse	⅛ l = 125 g
Mise-en-place	Vorbereitung
Passe-vite	Kartoffelpresse, 'Flotte Lotte'

A

B

C

D

E

F

G

H

K

L

M

N

O

P

Q

R

S

T

V

W

Z

Im Vetrieb der Orell Füssli Verlag AG, Zürich

HERAUSGEBER
Ursula Schaumlechner, Hünenberg; Victor Hotz AG, Steinhausen

GRAFISCHE GESTALTUNG
Hotz & Hotz, Steinhausen

TEXTE
das Bureau Bellprat & Co. GmbH, Winterthur
Harte Worte, Christine Harte, Zürich

FOTOGRAFIE
Peter Derron, Zürich

SATZ, BILD UND DRUCK
Victor Hotz AG, Steinhausen

PAPIER
Magno Star, glänzend gestrichen, weiss

ISBN 3-280-05235-1
Ab dem 1.1.2007:
ISBN 978-3-280-05235-8

Dieses Rezeptbuch ist nur in Kombination mit dem Bildband
'Gäste, Gaumenfreuden & Gladiolen' erhältlich.
Es erscheint in einer Auflage von 8000 Exemplaren.